LA CURIOSITÉ

Stéphane Jacob

La curiosité

Éthologie et psychologie

MARDAGA

© 2002 Pierre Mardaga éditeur
Hayen, 11 - B-4140 Sprimont (Belgique)
D. 2002-0024-22

Quelques remerciements

L'intérêt manifesté par le Centre National du Livre pour ce qui n'était encore qu'un projet a joué un rôle important dans sa réalisation en me laissant penser, à tort ou à raison, que l'ouvrage pourrait être utile à un certain nombre de lecteurs, désireux de se documenter sur un sujet rarement traité. Pour réunir la documentation nécessaire à l'écriture des différents chapitres, j'ai largement fait usage de différentes bibliothèques de recherche, principalement celles de l'Institut de Psychologie (Centre Henri Piéron) et du Muséum National d'Histoire Naturelle (l'annexe du laboratoire Mammifères et Oiseaux en particulier), mes interlocuteurs y étaient toujours cordiaux et efficaces, la richesse des collections au-delà de mes espérances. Au sein du Muséum encore, mais dans le cadre du service d'action pédagogique, Yves Girault, Françoise Guichard et Françoise Lemire ont bien voulu me laisser philosopher en compagnie des visiteurs de « 1000 cerveaux, 1000 mondes ». J'ai trouvé dans la fréquentation quotidienne de cette très belle exposition et la confrontation régulière avec les questions du public une source d'inspiration pour la première partie de ce livre. Le séminaire sur l'hominisation des comportements donné par Frédéric Joulian à l'EHESS a également influencé de manière importante ma réflexion sur les formes animales de la découverte. La traduction de l'article en allemand de Wünschmann (chapitre 3) a été effectuée par Kim Gerdes, c'est un exercice fastidieux mais la lecture de ces vieilles recherches sur la réaction à la nouveauté des poissons rouges, des poulets et des corbeaux semble l'avoir plutôt amusé. Tout au long de la période de rédaction, Valérie Chartrain a bien voulu me relire et me faire part de ses remarques. Elle a été la première lectrice de ce livre, pour plusieurs versions préparatoires, elle restera aussi la seule...

Pour justifier la curiosité

> «... car nous sommes du climat de la lune et la lune a un mouvement rapide et est une planète qui avance. Elle nous donne donc, par nature et par volonté, de nous déplacer rapidement, de cheminer par diverses voies, de rechercher ce qui est étrange et différent dans le monde, car elle fait le tour de la terre plus rapidement que toute autre planète.»
>
> J. de Mandeville (*ca* 1370), *Voyage autour de la terre*

La curiosité bénéficie actuellement d'une certaine faveur. Mouvement spontané vers la découverte, elle facilite l'ouverture à de nouveaux domaines et de nouvelles idées. Dans une époque marquée par la rapidité des changements sociaux et des avancées techniques, il est juste qu'elle soit tenue en bonne estime.

Néanmoins, il n'est pas nécessaire de beaucoup approfondir pour découvrir combien son statut est ambigu. Considérons la citation extraite de Mandeville citée en épigraphe. La tentative de justification astrologique de l'auteur paraît bien naïve avec le recul des siècles, cependant, la définition de la curiosité qu'il propose est excellente. Etre curieux, c'est rester en mouvement, varier les chemins, rechercher ce qui diffère du déjà connu, et cela se fait par volonté mais aussi par penchant naturel. Volonté ou penchant naturel? Si la curiosité était la conséquence d'une démarche délibérée de la part d'un individu souhaitant se documenter un peu, les louanges seraient faciles pour celui qui fait preuve de cette belle disposition d'esprit. Mais ce n'est pas de manière si simple que la curiosité se manifeste à nous. Elle peut effectivement jouer le rôle d'auxiliaire de la raison et soutenir l'effort de connaissance, mais le langage en propose aussi une tout autre vision dans ses métaphores. Ainsi, on dit communément que la curiosité est stimulée, excitée, qu'elle exige d'être satisfaite et peut conduire à des actions inconsidérées. On la considère dans ce cas comme une entité autonome qui sommeille en nous et peut, à l'occasion, entraver le libre exercice de la raison. Les moralistes anciens se sont particulièrement attardés sur ce point. Plutarque, Sénèque et saint

Augustin condamnent la curiosité pour le désordre qu'elle est susceptible d'induire dans la conduite, pour le besoin sans cesse renouvelé de nouveautés, de spectacles, de mise en lumière des choses cachées qu'elle induit. Pour les deux premiers auteurs, elle peut être disciplinée ou plutôt apprivoisée et servir la cause de l'étude. L'envie de savoir, bien dirigée, reste profitable. La vision d'Augustin est plus pessimiste, il considère qu'abandonné à lui-même, l'homme se perd, sa curiosité l'écarte indéfiniment du droit chemin qui le ramènerait vers la lumière de Dieu. On comprend que l'idée d'une intelligence livrée à elle-même, sans personne pour la guider, effraie. Etre libre de ses choix, c'est aussi se retrouver exposé à la possibilité de l'erreur.

Ce thème de la curiosité qui mène à l'égarement et à la faute est récurrent dans la culture occidentale et c'est sous ce visage que la curiosité y apparaît le plus fréquemment. La mythologie en donne plusieurs illustrations. Eve, tentée par le serpent, incite son compagnon à goûter le fruit de l'arbre de la connaissance. Ils sont tous deux chassés du Paradis. Pandore ne peut s'empêcher d'ouvrir la jarre qui renferme tous les maux. Le couvercle à peine soulevé, ceux-ci se répandent sur la Terre entière. Psyché brûle à l'épaule Cupidon, son amant endormi, en voulant contempler son visage qu'elle n'a jamais vu. Le beau secret trahi, le fils de Vénus disparaît dans la nuit. Dans un registre qui tient davantage du folklore, la dernière femme de Barbe Bleue profite de l'absence du mari qui la choit pour jeter un œil dans ce petit cabinet qu'elle ne doit surtout pas ouvrir. Malheur ! Elle découvre les cadavres des épouses précédentes, toutes assassinées. L'indiscrétion découverte, elle échappe de peu à ce même sort. La morale du dix-neuvième siècle reprend les mêmes schémas. Dans les illustrés, les contes et comptines, l'enfant sage, responsable et obéissant est valorisé aux dépens de celui qui laisse libre cours à ses intérêts. Ce dernier provoque catastrophes sur catastrophes et, même empli de bonnes intentions, il est condamné au même titre que l'enfant méchant et vilain. Petite Paulette, malgré les avertissements de ses minets, joue avec les allumettes et enflamme sa robe. Il ne restera d'elle qu'un petit tas de cendres fumantes sur lequel les deux chats se répandent en larmes (Hoffmann, 1846). Fanny Overkind attrape un rhume en ayant l'idée idiote de protéger les canards de la pluie sous son ombrelle, son canari se fait croquer par le chat juste après avoir été libéré de sa cage. Nul encouragement à l'initiative, ce n'est qu'une source de mésaventures et de désagréments pour l'enfant. Il est bien plus sage celui qui respecte à la lettre les directives que lui donnent ses parents.

La psychanalyse utilise un cadre d'analyse qui se réfère à nouveau à ce même schéma culturel. Dans les *Trois essais sur la théorie sexuelle*,

Freud (1905) identifie les débuts de la curiosité avec l'intérêt que porte l'enfant, entre trois et cinq ans, aux «énigmes sexuelles» : la différence des sexes, l'anatomie parentale, la manière dont on procrée. Les réponses que l'adulte apportent à ce questionnement manquent de sincérité et l'enfant le détecte bien. Freud écrit : «Les recherches sexuelles de ces premières années de l'enfance sont toujours solitaires ; elles représentent un premier pas vers l'orientation autonome dans le monde et éloignent considérablement l'enfant des personnes de son entourage, qui jusque-là jouissaient de sa pleine confiance» (p. 217). L'émancipation de la pensée serait donc marquée par la première confrontation avec un savoir qui se dérobe... là encore la curiosité se révèle face au secret qu'elle motive àenfreindre.

Pourtant, malgré la permanence de ce point de vue culturel, il ne semble pas du tout nécessaire de lier la curiosité au secret. Ce dernier peut l'encourager, c'est un fait, mais cela ne signifie pas qu'il soit indispensable à son déploiement. Considérons l'exemple suivant : Kathrin est âgée dc 23 mois, c'est le matin et son père vient de la changer. Tandis qu'il s'habille, elle remarque pour la première fois son pénis et lui demande ce que c'est et à quoi ça sert. Après qu'il lui ait répondu, elle s'approche et le palpe très doucement, elle semble surprise par cette exploration tactile. Elle touche aussi les testicules. Dans les quelques jours qui suivent, elle cherche à nouveau à observer le sexe du père tandis qu'il s'habille. Cette fascination dure 8 à 10 jours avant de s'éteindre complètement. Elle a maintenant d'autres centres d'intérêt. Cette observation a été rapportée dans une étude allemande récente sur la curiosité sexuelle des enfants (Schuhrke, 2000). Elle montre, dans un contexte très proche de celui analysé par Freud, combien le secret est facultatif à l'exercice de la curiosité. Il n'y a pas ici d'interdit parental, le rapport des parents à la nudité est plus facile aujourd'hui qu'il y a un siècle, et pourtant, il y a toujours curiosité. L'intérêt de la petite fille pour ce détail anatomique inattendu qu'elle vient de remarquer peut se déployer librement et, parce qu'il n'est pas entravé, il évoluera selon une dynamique très banale de la focalisation exclusive lors de la découverte à l'indifférence après quelques jours. Le même processus exactement aurait pu se manifester à l'égard d'objets plus anodins, un nouvel appareil domestique, par exemple.

Lorsque cette importance du secret est relativisée, la curiosité se résume à un mouvement spontané d'attraction vers ce qui n'est pas connu. S'en tenir à cette définition élémentaire n'amène pas pour autant à minimiser l'intérêt de la curiosité en tant qu'objet d'étude car il y a là un réel mystère : pourquoi faut-il approcher de ce que l'on ne connaît pas, pourquoi est-on poussé à cela ? Si ce trait est constitutif de la nature humaine, comme le suggère Mandeville et comme l'ont pensé bien d'autres avant lui, alors c'est la nature elle-même qu'il faut interroger. D'autres espèces sont-elles curieuses ? Il paraît clair, à observer un peu les animaux domestiques, que ceux-ci présentent des comportements qui s'apparentent de près aux nôtres lorsqu'ils sont confrontés à quelque chose d'étrange. Sont-ils eux aussi animés par quelque chose d'analogue à la curiosité et, si c'est le cas, jusqu'où est-il possible de pousser l'analogie ? Progressivement, c'est une autre interrogation qui émerge, celle de l'origine de la curiosité et, plus fondamentalement encore, celle de l'origine naturelle de la quête de connaissances sur le monde. Peut-on supposer que la gigantesque entreprise de développement du savoir dans laquelle l'homme s'est engagé a été héritée d'autres espèces qui, sous des formes bien plus modestes, pratiquaient déjà ce questionnement du monde ? En d'autres termes, c'est l'existence même de la curiosité qu'il faudrait justifier en s'intéressant davantage à sa nature profonde et à ses fondements naturels.

Bien qu'elle présente un intérêt évident pour la compréhension de l'homme en général, l'étude de la curiosité est rarement abordée par la psychologie scientifique. Peu de synthèses générales ont été tentées et aucune n'est actuellement disponible en français. Ce travail a donc nécessité que des données issues de champs de recherche très différents les uns des autres soient réunies et résumées. De manière à structurer l'ensemble des informations recueillies, une optique fonctionnaliste et évolutionniste a été privilégiée. Il s'agira donc de déterminer quelles sont les conditions de mise en œuvre de la curiosité, quelle(s) fonction(s) elle remplit et d'où elle nous vient. A la poursuite de ce but, différentes voies seront suivies qui, partant du monde animal et des manifestations naturelles de la quête de savoir, permettront ensuite de rejoindre le monde de l'homme. La première partie sera tout entière consacrée à l'animal et s'appliquera à mieux comprendre pour quelles raisons, au cours du processus d'évolution naturelle, cette tendance à approcher l'inconnu a pu apparaître. La seconde partie sera consacrée aux manifestations humaines de la curiosité. Après avoir traité des premières découvertes de l'enfance, du modelage exercé par le milieu social et des processus qui président à l'enrichissement des connaissances, les fondements communs à notre curiosité et celle de l'animal seront soulignés. Les spécificités humaines ne seront pas non plus oubliées. Ce sera le moment alors de tirer quelques conclusions sur cette curiosité qui nous anime et nous entraîne toujours un peu plus loin hors des contrées familières.

PREMIÈRE PARTIE

LA QUÊTE DE SAVOIR À L'ÉTAT DE NATURE

Le Corbeau, le Rat des villes et le Rat des Champs

J'ai convoqué, pour initier la discussion, les animaux des fables. Le corbeau est venu sans son compère renard mais le rat des villes et son cousin, le rat des champs, lui tiendront compagnie. D'autres protagonistes, plus exotiques, viendront les rejoindre : le loris lent et son cousin le galago à queue touffue, la gerbille de Mongolie, des pinsons américains, quelques autres encore. Simplement en les regardant vivre, il s'agira de déterminer si les animaux font, eux aussi, preuve de curiosité. Si cela se trouve confirmé, il faudra alors examiner quelles sont les espèces auxquelles l'attribut curieux est applicable et quelle forme prend la curiosité chez chacune d'entre elles.

Interroger le monde animal, y trouver des sources d'enseignement sur notre propre condition, voilà un exercice qui n'est pas si facile. Dans toutes les cultures, à toutes les époques, l'homme prête pourtant sa voix aux animaux. Nanti de cette parole qui n'est pas sienne, l'animal se révèle trop souvent notre triste semblable, vantard, cruel ou sot. Mais on peut avoir quelques doutes sur la sincérité de l'interprète. Sait-il écouter ceux que l'ont dit bêtes ? Sur de vieilles gravures coloriées, des chiens mènent leur maître à la niche, un bœuf fait rôtir le boucher et des ânes enseignent les professeurs. Mais ce monde inversé n'est que prétexte à rire et cautionne l'ordre établi. Le chien ronge son os, le bœuf finit en pièces, et l'âne reçoit le bâton. Tout rentre dans l'ordre, l'ordre de l'homme qui domestique, qui asservit et qui condamne.

Pour changer la perception qu'il a des autres espèces, il faudrait que l'homme apprenne à penser sa propre animalité. Cela demandera du temps encore : plus d'un siècle et demi s'est écoulé depuis qu'a été formulée l'hypothèse d'une ascendance naturelle de l'homme et le projet d'une psychologie évolutionniste, très contesté d'ailleurs, n'a que quelques années. Apparue dans les années 50 et mieux acceptée, l'éthologie a permis de mettre en lumière nombre de convergences comportementales entre l'homme et les autres animaux. C'est cette approche qui sera retenue comme premier terrain de rencontre avec la curiosité animale (chapitre 1). L'éthologie est séduisante par l'approche qu'elle propose de l'animal dans son cadre de vie naturel. Elle n'est pourtant pas la première discipline à interroger le comportement animal par la méthode scientifique, la psychologie comparée l'a précédée de quelques décennies. L'approche comparative, dominée pendant longtemps par le courant behavioriste, se pratique généralement dans le cadre plus dépouillé des laboratoires et la plupart des travaux se centrent sur quelques espèces d'élevage facile, le rat et le pigeon principalement. L'objectif visé n'est pas de décrire le comportement spécifique d'une espèce donnée mais de bâtir un cadre explicatif suffisamment général pour être appliqué à différentes espèces dont la nôtre. Les travaux et les théories qui seront présentés apporteront des précisions essentielles pour comprendre les aspects motivationnels de la curiosité (chapitre 2). Après avoir été évoqués et discutés, ces modèles théoriques très généraux seront replacés dans une perspective évolutionniste. Les structures nerveuses que l'on sait être associées à la curiosité seront localisées et les performances de différents groupes animaux (poissons, reptiles, oiseaux, mammifères) seront comparées de manière à mieux comprendre les relations qui existent entre le degré de sophistication du cerveau et la manière dont se manifeste la curiosité (chapitre 3).

Chapitre 1
Le goût de la nouveauté

1. CURIOSITÉ HUMAINE ET EXPLORATION ANIMALE

Avant de se poser la question de l'existence de la curiosité chez l'animal, il faut commencer par préciser ce qu'il faut entendre par curiosité chez l'homme. Les dictionnaires la définissent comme une tendance qui porte à apprendre, une soif de savoir qui peut être poussée jusqu'à l'indiscrétion. Le terme «indiscrétion» suppose qu'existe une série de convenances relatives à cet espace privé que chacun est en droit de préserver. Il ne saurait évidemment en être question pour l'animal. Quant à «apprendre» et «savoir», beaucoup d'animaux sont capables d'apprentissage, mais ce serait forcer le trait que de parler à leur sujet de soif de savoir. Une telle définition ne saurait donc constituer un point de départ approprié à notre projet. Une alternative intéressante consiste à se pencher davantage vers des curiosités vécues et, si possible, pas trop sophistiquées, des curiosités d'école buissonnière et de chemins de traverse. I. Yhuel (1993) a réalisé trois entretiens avec des curieux qui ne doivent rien à l'école. L'une des personnes interrogées est une octogénaire qui a passé sa vie dans son village natal du Limousin. Son témoignage fait ressortir quelques traits essentiels que l'on retrouverait aussi dans les deux autres entretiens mais qui me semblent plus particulièrement nets dans celui-ci. Elle parle tout d'abord du désir de bouger, elle dit avoir toujours envie d'aller quelque part, pas forcément loin, mais il lui est important de se promener. Les promenades qu'elle fait sont éventuellement motivées par un but, aller chercher des champignons, par exemple, mais il s'agit d'un prétexte et elle le sait. Ne rien trouver ne la déçoit nullement. Elle insiste aussi sur l'importance que prend toute chose nouvelle lorsque l'on connaît un endroit dans ses moindres détails et passe beaucoup de temps à observer comment les choses changent, évoluent. Finalement, elle met en relation ce qu'elle voit et découvre avec d'autres choses qu'elle connaît. Eventuellement, elle fait preuve d'une certaine audace par rapport à d'autres gens et n'hésite pas à aller vers les autres. Ainsi, cet exemple qu'elle rapporte : au cours d'un voyage en Espagne organisé par la mairie du village, elle observe, près d'un grand château, des paysans qui font griller des petits oignons, elle se demande l'usage auquel ils les destinent. Elle s'approche des hommes et, par gestes, les interroge. Ils lui disent que c'est pour manger et elle goûte bien sûr...

Je retiendrai en guise de définition de la curiosité humaine ces quelques éléments épars mais qui me semblent faire sens une fois tous réunis : un environnement familier et stable que l'on connaît bien, et puis quelques changements, des petites choses le plus souvent, mais qui suscitent l'intérêt, l'envie de s'approcher et d'y regarder de plus près. Surtout, un état de disponibilité générale, de réceptivité. La curiosité ne répond pas à la contrainte, elle est spontanée et ne vise à satisfaire aucun autre besoin que son intérêt propre : la curiosité veut être satisfaite et cela suffit. Le tout constitue une base plutôt fragile mais qui me semble suffisante pour aller à la rencontre de l'animal.

Pour approcher ce dernier, il faudra par contre prendre davantage de rigueur lexicale. L'anthropomorphisme est un danger constant et on s'y perd bien vite. Les spécialistes du comportement animal répugnent d'ailleurs à parler de curiosité et préfèrent, dans un souci de précision terminologique, recourir au concept d'exploration. Ce dernier terme a l'avantage de désigner un comportement observable tandis que la curiosité renvoie à une hypothétique disposition mentale, qu'il est impossible d'attester chez l'animal. Malgré ce souci de rigueur, les comportements qui peuvent être qualifiés d'exploratoire restent très hétérogènes et il faut davantage détailler.

D. Berlyne, un des principaux théoriciens de la curiosité, a proposé, pour réduire un peu cette diversité, de répartir ces comportements en trois catégories qui correspondent aussi à trois phases de l'exploration (Berlyne, 1960). La première catégorie de comportements équivaut à la question « Que se passe-t-il ? ». Elle réunit les réponses d'orientation où, suite à une stimulation sensorielle (olfactive, visuelle, auditive principalement), l'animal se trouve en état d'alerte : il tend son museau pour mieux flairer, fixe de son regard l'endroit d'où provenait la stimulation, dresse ses oreilles et tourne la tête dans la direction du son. La deuxième catégorie englobe toutes les séquences motrices mises en jeu par l'animal dans son approche d'une situation ou d'un objet qui l'intrigue. Sa fonction pourrait correspondre à « Allons voir ». Typiquement, il va s'agir d'un mélange d'attrait et de méfiance, se traduisant par une progression prudente, entrecoupée de pauses. La troisième et dernière catégorie s'applique aux réponses d'investigation proprement dites :

l'animal est à présent proche de l'objet et va chercher à s'enquérir de sa nature : «Qu'est-ce que c'est?». Cette opération prend différentes formes en fonction de la nature de l'objet, d'une part, de l'anatomie et des comportements de l'animal, d'autre part. Parmi les réponses les plus fréquentes, on peut citer le fait de renifler l'objet, de lui donner des petits coups de bec ou de patte, de le manipuler, etc.

En plus de cette première distinction, basée sur la fonction des comportements, Berlyne propose de qualifier l'exploration par son objet, qui peut être spécifique ou pas, et par sa cause, qui peut être d'origine intrinsèque ou extrinsèque. L'exploration non spécifique est la plus difficile à repérer avec précision chez l'animal, elle répond dans tous les cas à un déterminisme interne (intrinsèque). L'animal la pratique au hasard de ses déplacements en furetant, reniflant, observant. Il recueille ainsi des informations très diverses sur son milieu. Celles-ci pourront s'avérer utiles ultérieurement mais, pour le moment, elles sont seulement collectées et mémorisées. Elles s'ajoutent aux autres informations déjà acquises, les complètent ou les modifient. L'exploration pratiquée est surtout prospective, sa finalité semble imprécise, elle prépare à un plus tard éventuel, mais de manière fortuite. L'exploration spécifique, par contre, répond à une finalité très apparente. Elle est souvent en rapport avec la satisfaction des besoins fondamentaux (boire, manger, se reproduire, se sentir en sécurité) qui garantissent la survie et celle de l'espèce. Dans ce cas, l'animal recherche activement un certain type d'information : où trouver de l'eau? Où se cacher? Il répond là encore à une contrainte qui se situe en lui-même. Son comportement est motivé par le fait qu'il soit en train de se déshydrater ou qu'il se sente vulnérable, il s'agit donc également d'une exploration intrinsèquement déterminée. L'exploration spécifique peut, cependant, dans d'autres circonstances, répondre à des déterminants extérieurs, par exemple lorsque l'animal remarque un objet inconnu sur son territoire et qu'il est enclin à s'en approcher. C'est cet objet inconnu qui a motivé son approche, la cause de l'acte est cette fois extérieure, on peut parler alors d'une exploration à motivation extrinsèque.

Parmi ces trois cas de figure, deux seulement s'accordent bien avec la définition de la curiosité qui a été retenue comme point de départ. L'exploration spécifique à motivation intrinsèque s'ajuste mal à l'idée de curiosité telle qu'on l'entend habituellement, un homme qui a perdu ses clés et les cherche partout présenterait exactement un comportement de ce type et personne ne serait prêt à considérer qu'il s'agit là de curiosité. L'exploration non spécifique, par contre, évoque bien cet état de disponibilité qui a été envisagé comme favorable à la curiosité. De même, l'exploration d'un objet inconnu rencontré sur un terrain familier peut être mise en rapport avec l'intérêt pour les petits changements qui affectent le lieu de vie, la curiosité dirigée vers les choses peu familières. Ces deux dernières formes d'exploration pourraient donc permettre d'établir un parallèle intéressant avec notre espèce.

2. LA NÉOPHILIE DES CORBEAUX NÉOPHYTES

Le dernier point évoqué mérite toutefois une petite discussion. En effet, lorsqu'un animal s'approche d'un objet inconnu, cela ne signifie pas nécessairement qu'il s'y intéresse ou que cela l'attire. Il peut tout aussi bien le craindre, s'en méfier et chercher à s'en débarrasser. L'observation courante suffit d'ailleurs à remarquer que l'attitude à l'approche est, même chez les animaux domestiques, souvent empreinte d'une grande prudence. Le goût de la nouveauté est désigné scientifiquement par le terme *néophilie* et il s'agit maintenant d'examiner s'il peut réellement s'appliquer aux animaux.

Dans le monde animal, on connaît le penchant de la pie pour les objets brillants et de couleur vive. A l'occasion, ce bel oiseau n'hésite pas à les subtiliser, ce qui lui a valu sa réputation de kleptomane. On sait moins que d'autres membres de cette famille de volatiles, les corvidés, partagent cet engouement, le grand corbeau (*Corvus corax*) en particulier. Cet oiseau est un mal-aimé. De lui, on retient surtout la livrée noire de mauvais augure et le cri sinistre. C'est pourtant un animal sociable avec ses congénères et d'une intelligence certaine. Comme sa cousine la pie, le grand corbeau peut faire preuve d'intérêt pour des objets aux propriétés inhabituelles. Cette caractéristique est assez surprenante car elle ne présente pas de bénéfice apparent pour l'animal. Or, si la nature a horreur du vide, les éthologues sont très réticents à l'idée de comportements dénués de fonction.

L'un d'eux, B. Heinrich, a tenté de recueillir davantage de précisions sur ce point. Pour les besoins de la recherche, quatre petits corbeaux ont été capturés au nid et installés dans une grande volière au milieu des bois. De manière à reconstituer le plus fidèlement possible le milieu naturel où grandissent les jeunes corbeaux, le sol de la volière est couvert de broussailles et de feuilles mortes. Les quatre captifs, trop jeunes pour subvenir à leurs besoins, sont nourris à la main. Leur menu est varié : viande, poisson, pain humide, œufs, etc. Après deux mois passés au nid, les petits sont capables de voleter. C'est à ce moment que débute l'étude. Les corbeaux sont d'abord nourris jusqu'à satiété de manière à ce que les comportements qui seront observés au cours de l'expérience ne soient pas imputables à la recherche de nourriture. Ils sont ensuite emmenés dans une petite volière latérale où ils n'ont pas accès habituellement. Cette petite volière va servir de terrain d'expérience. Les dix premières séances sont destinées à familiariser les oiseaux avec ce nouvel espace et les éléments qui le composent. En fait, ceux-ci ne sont guère surprenants pour le moment puisqu'il s'agit de brindilles, bouts de bois et broussailles similaires à ceux qui agrémentent la volière usuelle. L'intérêt porté par les jeunes corbeaux aux différents types d'éléments qui composent leur décor est évalué par le nombre de contacts (coups de bec) établis avec chaque catégorie d'objets. Ces valeurs serviront par la suite de points de référence lorsque les objets inconnus seront introduits dans l'environnement des quatre volatiles. Ces éléments nouveaux sont extrêmement variés mais peuvent être répartis en trois grandes catégories : des objets d'origine organique peu visibles (vers de farines, algues sèches, morceaux de cuir, haricots secs, etc.), des objets d'origine organique très visibles (pommes vertes, grains de maïs, ailes de papillons, etc.), et, enfin, des éléments non organiques très visibles (mégots, bouts de verre, capsules, etc.). Les éléments comestibles sont en petit nombre et répartis parmi les deux catégories d'éléments d'origine organique.

Les résultats obtenus sont très clairs. Les objets nouveaux sont très rapidement repérés par les corbeaux et sont touchés avec une fréquence très largement supérieure à celle des objets qui composent le fond de cage habituel, ceci quelle que soit leur catégorie d'appartenance, objets organiques ou non, très visibles ou non. Cet attrait indifférencié pour la nouveauté est cependant de courte durée. Après deux ou trois séances, l'intérêt des corbeaux se centre sur les éléments comestibles. Les autres objets récemment introduits sont encore occasionnellement touchés, mais avec des fréquences guère supérieures à celles qui caractérisent les éléments familiers. La poursuite de l'expérience dans le temps montre par ailleurs que cette phase de néophilie intense est de durée limitée. A l'âge de 7 mois, l'attrait pour la nouveauté est encore très vif. Il apparaît par contre nettement diminué lorsque les quatre corbeaux sont à nouveau testés à l'âge de un an. De même, des corbeaux adultes capturés dans la nature apparaissent d'un naturel méfiant, spécialement à l'égard des objets « non naturels », c'est-à-dire vraiment différents des objets habituellement rencontrés dans leur milieu. La faim peut toutefois vaincre leur méfiance et les inciter à davantage de hardiesse.

Selon Heinrich, la néophilie dont font preuve les corbeaux juvéniles les amène à découvrir une très grande variété d'objets dans leur environnement. Spontanément attirés vers tout ce qui leur est inconnu, ils apprennent par une succession d'essais, concluants ou pas, à identifier les ressources alimentaires disponibles dans leur environnement. Ce comportement «innovant» aurait ainsi pour fonction d'ajuster le régime alimentaire du corbeau à ce qu'il peut trouver autour de lui. Cette néophilie est toutefois indépendante de la recherche de nourriture, au moins chez les jeunes corbeaux (puisqu'ils sont, dans l'étude décrite, nourris juste avant d'être confrontés aux objets nouveaux). La souplesse d'adaptation, ou *plasticité écologique*, dont font preuve le corbeau ou la pie au cours de leur jeunesse permet de comprendre pourquoi ces oiseaux ont pu s'adapter avec succès à une telle diversité d'habitats. C'est la flexibilité de leurs habitudes alimentaires, on pourrait dire leur *opportunisme*, qui permet à ces deux espèces de coexister avec l'espèce humaine, s'accommodant aussi bien des hérissons écrasés sur le bord de la route que des miettes de chips dispersées sur l'herbe du parc.

3. DARWIN ET LES ESPÈCES PLASTIQUES

Le concept de plasticité écologique est important pour les zoologistes car il permet de comprendre certains mécanismes de l'évolution. De 1831 à 1836, Charles Darwin voyage sur le Beagle en qualité de naturaliste, il visite à cette occasion les îles Galápagos. Il est frappé par la diversité des pinsons qui peuplent ces îles et recense 13 espèces différentes, chacune adaptée à un milieu et un type de nourriture spécifique. Cette adaptation est à la fois morphologique et comportementale : ainsi, l'un des pinsons observé par Darwin présente un bec long et pointu analogue àcelui des Pics. Comme ces derniers, il se déplace le long des troncs et explore les cavités de l'écorce pour en extraire les larves et les insectes dont il se nourrit. Toutefois, ne bénéficiant pas de la longue langue des Pics, il utilise une brindille ou une épine de cactus pour se saisir de ses proies. Un quart de siècle après cette visite aux Galápagos, lorsque Darwin rédige l'ouvrage qui le rendra célèbre, *De l'origine des espèces...*, il émet l'hypothèse que ces différentes espèces de pinsons dérivent d'un ancêtre commun peu spécialisé quant à son régime alimentaire. Il existe, parmi les membres actuels de cette famille, plusieurs exemples de non-spécialisation. Le pinson des arbres (*Fringilla coelebs*), par exemple, installe son nid dans des habitats très divers et varie ses habitudes alimentaires selon la saison. En hiver, son menu se compose surtout de graines séchées. Du printemps à l'automne, il chasse les insectes qu'il capture dans les arbres ou au sol. Il est fréquent, par ailleurs, de le rencontrer à proximité des habitations humaines et il n'hésite pas à se servir dans les mangeoires des animaux domestiques.

Le scénario proposé par Darwin pour expliquer l'apparition des nouvelles espèces de pinsons est à peu près le suivant : quelques pinsons, originaires du sud de l'Amérique et peut-être déviés par des vents violents, sont introduits sur l'île. En l'absence de prédateurs naturels, la population initiale s'accroît rapidement. Les ressources alimentaires offertes par l'île sont cependant limitées et les pinsons entrent bientôt en compétition dans la recherche de nourriture (c'est le fameux concept de *struggle for life*, lutte pour la survie, introduit par Darwin). De manière à optimiser leurs chances de survie, des sous-groupes de pinsons se spécialisent dans l'exploitation des ressources jusque-là délaissées parce que difficilement accessibles : graines particulièrement dures à broyer, chasse d'insectes en vol, extraction de larves cachées sous l'écorce, etc. De génération en génération, des variations minimes au plan morphologique et comportemental sont retenues et se diffusent au sein de ces sous-groupes parce qu'elles confèrent un avantage pour la survie : bec plus puissant, ailes plus longues, griffes plus fortes permettant de s'agripper aux irrégularités du tronc. Cette succession de modifications infimes aboutirait en définitive à une divergence croissante vis-à-vis du modèle initial jusqu'à l'apparition d'une nouvelle espèce, occupant une niche écologique différente et présentant un répertoire comportemental spécifique.

Ce scénario est connu sous le nom de radiation adaptative. Il suppose une certaine plasticité comportementale et alimentaire de l'espèce initiale, plasticité qui serait ensuite perdue lorsqu'apparaissent de nouveaux sous-groupes spécialisés. Nous avons vu précédemment qu'un des aspects de cette plasticité écologique pouvait reposer sur les tendances néophiles des jeunes oiseaux : cette période est particulièrement importante car elle aboutit à la détermination de la niche écologique qui sera occupée par l'oiseau. Toutes les espèces ne présentent pas cependant ce même attrait pour la nouveauté. La plupart des oiseaux vivant dans la forêt tropicale, par exemple, présentent des comportements stéréotypés dans leur recherche de nourriture. Cette rigidité écologique constitue un risque majeur pour ces espèces dans la mesure où elles ne peuvent s'adapter aux environnements nouveaux qui apparaissent sous l'effet de la déforestation. Il existe une relation étroite entre le degré de spécialisation d'une espèce et la variabilité de la relation qu'elle entretient avec son milieu. Plus une espèce est spécialisée, plus son mode de vie est figé. Cette stéréotypie peut être liée à une forte détermination génétique des comportements, dans ce cas la phase d'ajustement au milieu est brève et le modèle parental sera très exactement reproduit. Les possibilités d'adaptation sont alors extrêmement faibles et toute modification importante du milieu où s'est spécialisée l'espèce peut lui être fatale. Une autre manière d'expliquer la stabilité écologique d'une espèce consiste à invoquer l'effet indirect d'une crainte de la nouveauté ou néophobie. Cette seconde possibilité laisse davantage d'ouverture que la première car la tolérance aux changements dans l'environnement est plus grande, à condition toutefois que ceux-ci s'effectuent lentement.

4. NÉOPHOBIE OU LA THÉORIE DE L'ÉPOUVANTAIL

A priori, l'idée d'inclure un passage sur la résistance au changement dans un essai sur la curiosité paraît étrange. Ce détour est pourtant nécessaire car l'exercice de la curiosité implique de vaincre cette peur de la nouveauté. Cette évidence peut paraître obscure car notre existence s'inscrit à présent dans un espace à notre mesure, façonné au cours des siècles par la présence humaine. Lassé de ces immeubles qui lui barrent la vue, le citadin tente d'échapper à l'oppressante compagnie de ses semblables. Evasion factice. Partout où nous allons, nous trouvons les signes de l'homme, les occasions de se perdre se font rares. Il n'y a plus de *terra incognita* sur nos cartes géographiques et cette expression « aller vers l'inconnu » n'aura bientôt plus de sens. Reportons nous cinq siècles en arrière. L'Europe découvre, médusée, un autre continent, peuplé d'animaux inconnus, d'hommes différents. De part et d'autre, cette confrontation fait naître la stupeur, rarement on s'enquiert de l'autre, le plus souvent il effraie, on le craint, on l'attaque. Cette hostilité est la réaction la plus spontanée qui soit face à l'inconnu, elle précède naturellement la curiosité et bien entendu l'entrave.

La néophobie de l'animal n'est pas simplement une absence d'attrait pour la nouveauté. En présence d'un objet nouveau, les espèces néophobes manifestent de la crainte, s'agitent, hésitent entre l'approche et la fuite. La faim et la confrontation répétée à un objet inconnu particulier incitent généralement l'animal à surmonter sa frayeur initiale, mais sa peur de la nouveauté reste inchangée à l'égard de tout autre nouvel objet. La néophobie, parce qu'elle réduit les possibilités d'exploration et de découverte, conduirait l'espèce à se cantonner à un habitat spécifique et à se limiter à un certain type d'alimentation.

Cette hypothèse a été testée par R. Greenberg (1990a, 1990b) au moyen d'une comparaison entre deux espèces proches de pinsons américains, *Melospiza melodia* et *Melospiza georgiana* dont le plumage et l'allure générale rappellent le moineau domestique. La première espèce, *M. melodia*, ou pinson chanteur, occupe des habitats variés, on parle dans ce cas d'espèce *généraliste*, et s'accommode de la présence de l'homme. La seconde espèce, *M. georgiana*, se limite à un type spécifique d'habitat, le marais, on la désigne d'ailleurs couramment sous le nom de pinson des marais. Si la néophobie constitue un facteur de stabilité écologique, alors l'espèce qui occupe l'habitat le plus spécifique, ici le pinson des marais, devrait être aussi la plus néophobe.

Dans une première étude, les oiseaux sont testés dans leur milieu naturel. Une mangeoire remplie de graines est placée au sol dans une zone de marais colonisée par les deux espèces. Certains oiseaux prennent l'habitude de venir s'y ravitailler. Dans un second temps, des objets inconnus (une boîte noire, un morceau de tube, un bout de cellophane rayé, etc.) sont disposés pendant une durée brève à proximité de la mangeoire. Un seul objet est présenté à la fois. La présence de cet élément nouveau a pour conséquence une diminution du nombre de visites opérées par les pinsons des marais. En revanche, cette modification de la situation habituelle n'affecte pas le comportement des pinsons chanteurs. Ce premier résultat suggère que, conformément à l'hypothèse testée, l'espèce qui a l'habitat le plus spécifique est aussi la plus méfiante à l'égard de la nouveauté.

La seconde étude porte sur les deux mêmes espèces, mais il s'agit cette fois de jeunes oiseaux, âgés d'un an environ, maintenus captifs dans une volière, ce qui facilite l'observation. La situation étudiée est la même que précédemment, mais les oiseaux sont privés de graines préalablement à l'expérience de manière à augmenter leur intérêt pour la nourriture. En présence de l'objet inconnu, les pinsons chanteurs présentent une phase d'observation et de méfiance relativement courte. Après dix minutes, tous les représentants de l'espèce ont commencé à picorer des graines. Le comportement de l'autre espèce apparaît, cette fois encore, davantage perturbé par la nouveauté. Les pinsons des marais alternent les mouvements d'approche et de repli, hésitent plus longtemps et préfèrent parfois renoncer à la nourriture alors qu'ils peuvent voir les pinsons chanteurs s'alimenter sans danger. La répétition des essais finit cependant par vaincre la méfiance des oiseaux les plus craintifs. De même, les morceaux de papier brillant qui s'agitent au bout des ficelles dans les jardins et les épouvantails d'apparence plus ou moins humaine qui se dressent dans les champs découragent les visiteurs occasionnels mais sont bientôt sans effet sur les habitués de l'endroit qui reviennent sans plus de frayeur s'approvisionner en graines et jeunes pousses.

Il est intéressant de noter que, contrairement à ce qui était observé chez le grand corbeau (*Corvus corax*), les approches prudentes des deux espèces sont toujours orientées vers la mangeoire mais jamais vers l'objet inconnu. Aucune manœuvre exploratoire n'est dirigée vers celui-ci bien qu'il constitue une source de préoccupation importante, comme l'indique le comportement des pinsons. Lorsque cette incongruité environnementale sera devenue familière, l'oiseau deviendra simplement indifférent à son égard et non pas curieux. Ce que l'on observe, en fait, c'est le déroulement d'un *processus d'habituation* : l'exposition répétée à un élément initialement identifié comme une source potentielle de danger aboutit à une inhibition progressive du comportement de fuite. Il n'y a, dans ce cas précis, aucune manifestation exploratoire, simplement l'expression, à un degré plus ou moins prononcé, de la néophobie. Celle-ci doit donc être envisagée comme une tendance indépendante de la néophilie qui contrarie l'exploration par l'animal du milieu où il évolue.

Cette tendance n'est pas également partagée par tous les membres d'une même espèce. Certains sont plus hardis que leurs congénères, d'autres sont très farouches. Les oiseaux les plus audacieux multiplient les chances de s'alimenter mais, ce faisant, ils s'exposent davantage au danger. Beaucoup périssent sous la dent d'un prédateur. Au contraire, les oiseaux les plus craintifs minimisent les risques de capture, mais cette timidité restreint aussi le champ de leurs explorations. Ils peuvent compter sur moins de ressources alimentaires et, en cas de pénurie, seront plus vulnérables. Des deux tactiques, aucune ne garantit le succès, la survie individuelle n'est pas une affaire de martingale. Au-delà des destins particuliers, l'audace réussit aux espèces confrontées à un milieu changeant, la prudence à celles qui bénéficient d'un environnement stable. Le taux de mortalité relatif à chacune de ces deux stratégies, en termes moins sinistres, la sélection naturelle, fait pencher la balance d'un côté ou de l'autre. Des recherches menées sur différentes espèces de rats illustrent de manière très claire la manière dont les facteurs environnementaux infléchissent le devenir d'une espèce et en particulier son attitude générale face à la nouveauté.

5. UN RAT QUI SE MÉFIE EST UN RAT QUI SURVIT

Le rat occupe une place à part dans nos représentations de l'animal. Il suscite la frayeur, le dégoût, on le dit dangereux, il porte les pires maladies. Se livrer à son extermination est un métier honorable. Dans le même temps, son intelligence étonne, il est l'hôte privilégié de bien des laboratoires et un animal de compagnie apprécié. Du côté du rat, on peut supposer la même ambivalence à l'égard de l'homme, tout à la fois grand pourvoyeur de nourriture et prédateur acharné. Le rat doit vivre à nos côtés, mais éviter notre présence et surtout les pièges qu'on lui tend. Résoudre ce paradoxe exige évidemment bien de la ruse et de la prudence.

Il existe en fait plusieurs espèces de rats. Deux d'entre elles ont choisi la compagnie de l'homme pour le pire et le meilleur : le rat noir (*Rattus rattus*) et le surmulot ou rat d'égout (*Rattus norvegicus*) dont le pelage est gris. Le rat noir est le premier des deux à avoir conquis l'Europe. Il se nourrit essentiellement de graines et de fruits, d'où sa prédilection pour les réserves de céréales dans lesquelles il effectue d'importants ravages. Bon grimpeur, recherchant les endroits chauds et secs, il se réfugie souvent dans les greniers et les parties élevées des bâtiments. Intensivement exterminé, durement concurrencé par l'arrivée du surmulot, le rat noir est aujourd'hui beaucoup moins fréquent qu'autrefois.

Le surmulot, grand vainqueur de cette compétition, est originairement un habitant des zones humides. Contrairement au rat noir, c'est un très bon nageur, ce qui explique son affinité avec les réseaux de canalisations et les égouts. Dans les maisons, il recherche aussi les endroits humides et sombres, les caves et les sous-sols. Les raisons de son succès sur le rat noir sont liées à son taux de reproduction plus élevé, à la plus grande variété de son alimentation (il mange de tout) et à son goût pour la vie souterraine, qui l'expose moins que son cousin.

La plupart des petits mammifères (dont les rats) occupent un territoire aux contours bien définis. Cette véritable chasse gardée est régulièrement visitée par le «propriétaire» au cours de ses sorties nocturnes, généralement après que celui-ci ait consacré quelques temps à son alimentation. L'examen du territoire n'a rien d'aléatoire. L'animal procède systématiquement, empruntant toujours les même pistes de manière à relier une succession de stations qu'il marque de son urine. Les objets nouveaux sont également reniflés et arrosés. La visite de l'ensemble du terrain peut prendre plusieurs nuits si celui-ci est étendu, mais les trajets se succèdent de manière à couvrir au bout du compte l'ensemble de la surface. Pour les animaux qui vivent en groupe, ces patrouilles de nuit sont généralement effectuées par l'animal dominant (mâle ou femelle) dont le territoire englobe celui de tous ses subordonnés. Cet exercice quotidien répond à une fonction évidente : l'animal peut ainsi identifier rapidement tout changement sur son territoire, qu'il s'agisse d'un danger potentiel, d'une nouvelle source de nourriture ou d'un point d'eau. C'est aussi un très bon moyen de se rafraîchir la mémoire. Une bonne connaissance de la géographie des lieux est indispensable, en cas de fuite par exemple, il s'agit de trouver rapidement un refuge et de mettre à profit chaque accident de terrain. Ces explorations aux frontières du domaine sont enfin l'occasion de connaître les voisins de la même espèce et éventuellement d'étendre le territoire si ceux-ci viennent à disparaître.

En laboratoire, l'exploration du territoire chez le rat peut être étudiée dans un environnement standardisé connu sous le nom de labyrinthe en croix. Le dispositif n'a de labyrinthique que le nom, il adopte en effet la forme d'une croix régulière. Au centre de la croix, une boîte à fond carré sert d'abri (de nid) au rat. Cette boîte communique avec chacun des bras de la croix au moyen de quatre ouvertures semi-circulaires, suffisamment larges pour laisser passage à l'animal. Un système de contrôle électronique permet d'enregistrer l'ordre des visites et le temps passé dans chacun des bras de la croix. Lorsque l'on habitue des rats de laboratoire à vivre dans ce labyrinthe, on constate qu'ils adoptent un comportement très proche de celui que l'on vient de décrire chez les animaux vivant en liberté. Si la nourriture est disposée dans un des bras, toujours le même, et la boisson dans un autre, les autres bras où il n'y a rien de particulier à trouver sont néanmoins régulièrement explorés. En fait, la quasi-totalité du temps d'activité est consacrée aux parties où se trouvent la nourriture et la boisson, ce qui était prévisible, mais les visites à ces deux pôles d'intérêt alternent avec des inspections brèves des deux autres bras, ce qui est plus surprenant. Cette tendance à l'exploration systématique apparaît donc préservée chez le rat de laboratoire malgré des conditions de vie hautement artificielles et une série de sélections qui ne doivent rien aux facteurs naturels. P. Cowan (1985) a mené, avec différentes espèces de rats, une série d'études comparatives portant sur la relation entre milieu de vie et réaction à la nouveauté. Outre les rats de laboratoire, les réactions de rats sauvages, capturés dans leur milieu naturel, sont également testées. Quatre espèces sauvages sont prises en compte, les deux espèces vivant au voisinage de l'homme, le rat noir et le surmulot (*Rattus rattus* et *R. norvegicus*), ainsi que deux espèces se tenant à l'écart de la société humaine, *R. fuscipes* et *R. villosissimus*.

Le comportement des rats a été testé dans deux situations. La première consiste à familiariser les rongeurs avec trois des branches du labyrinthe. L'accès à la quatrième branche est obturé jusqu'au moment de l'observation. Pour toutes les espèces testées, cet espace nouvellement accessible suscite de la curiosité et se trouve rapidement exploré. Dans la deuxième situation, les quatre branches du labyrinthe sont accessibles, la nourriture et la boisson sont toujours disposées aux mêmes endroits. On introduit un peu avant l'expérience et à l'insu des rats un objet inconnu à proximité de la nourriture. Les réactions sont cette fois plus différenciées. Les rats de laboratoire sont les moins effrayés par l'objet et s'approchent après un temps d'observation bref. Les deux espèces vivant à distance de l'homme hésitent d'abord puis finissent par s'approcher prudemment de la nourriture. Le rat noir et le surmulot évitent en général la nourriture et préfèrent jeûner, parfois pendant plusieurs jours, vérifiant régulièrement la présence de l'objet. L'attrait pour la nouveauté est comparable chez les différentes espèces de rats testées, ceci malgré la diversité de leurs conditions de vie. Le besoin d'explorer, de fureter, serait donc une composante stable, peu influencée par l'environnement (première situation). Au contraire, la méfiance suscitée par les modifications varie en fonction du milieu de vie habituel (deuxième situation). Les rats domestiques ont été sélectionnés pour leur docilité et la facilité avec laquelle ils s'apprivoisent. Ils sont beaucoup moins méfiants que leurs congénères sauvages. La néophobie accrue du rat noir et du surmulot est vraisemblablement en rapport direct avec les tentatives de destruction systématiques exercées par l'homme à l'encontre de ces deux nuisibles. Se maintenir à distance des modifications introduites dans les endroits familiers permet au rat prudent d'éviter la plupart des traquenards tandis que ses comparses plus aventureux se font casser les reins dans les pièges à ressort ou se laissent tenter par quelques grains empoisonnés. Le degré de néophobie est probablement déterminé génétiquement car les animaux apparentés présentent les plus grandes similitudes de comportement. Par ailleurs, des surmulots ou des rats noirs issus de souches sauvages mais nés et élevés en laboratoire présentent la même crainte de la nouveauté que leurs parents sauvages. De génération en génération, les rats les plus méfiants survivent, se reproduisent et transmettent par leurs gènes cette défiance innée à leurs descendants. Loin de l'agitation des villes et moins soucieux de l'homme, les rats des champs occupent un juste milieu entre la candeur et la ruse. Ni trop naïfs, ni trop malins, juste ce qu'il faut pour que, de temps à autre, un maladroit serve de dîner à quelque renard.

6. À PAS PRUDENTS, UNE CURIOSITÉ MÉNAGÉE

Le pinson des marais connaît bien les bords de l'étang. Il connaît les arbres, il connaît les herbes, il n'a jamais vu auparavant cette mangeoire de plastique vert. Perché sur un saule, il l'observe, d'un œil circonspect. Il voit bien qu'elle est emplie de graines. Cinq minutes passent, dix minutes, la mangeoire n'a pas bougé, le pinson s'agite de plus en plus. Il s'approche maintenant, de plus en plus près, s'éloigne soudain, effrayé, mais c'est juste un nuage qui masque le soleil. Il volette au-dessus de la mangeoire, juste au-dessus, hésite une dernière fois, puis pose ses pattes grêles sur le rebord.

La néophobie incite l'animal à se maintenir à distance des objets et des situations nouvelles, elle apparaît donc comme un frein puissant à l'exercice de la curiosité. Cependant, on peut aussi remarquer que les conduites exploratoires, malgré leur diversité, poursuivent toutes la même fin, réduire l'incertitude, apprivoiser l'inconnu. L'animal accroît ses chances de survie s'il se trouve en terrain familier, c'est-à-dire sur son territoire. On pourrait donc imaginer que les conduites exploratoires soient elles aussi motivées par la crainte de la nouveauté. La présence d'un objet inconnu inquiète l'animal. Cette inquiétude disparaîtra lorsque l'objet aura été reconnu ou, tout au moins, identifié comme inoffensif (processus d'habituation). La curiosité n'aurait ici aucune valeur explicative. Cette façon d'appréhender l'exploration s'applique parfaitement au comportement des pinsons décrit par Greenberg. Il faut se souvenir toutefois que, dans cet exemple, l'approche n'est pas dirigée vers l'objet nouveau lui-même mais vers la nourriture et que les pinsons en question sont affamés, ce qui constitue une raison bien suffisante pour faire preuve de hardiesse (au moins chez le pinson chanteur).

Le comportement du jeune corbeau, qui correspond bien mieux à notre définition de la curiosité, est impossible à expliquer en invoquant ce type d'hypothèse. Dans ce cas au moins, il faut supposer qu'une motivation autre que la néophobie existe et influence le comportement de l'animal, la néophilie. La mise en œuvre du comportement exploratoire résulterait alors d'un équilibre entre ces deux tendances aux intérêts contradictoires, l'une incitant à l'approche, l'autre à l'évitement. En fonction du degré d'étrangeté que présente pour l'animal la situation rencontrée, sa réaction serait soit la fuite, soit l'approche hésitante, soit une investigation rapide visant seulement à une mise à jour des connaissances sur cette portion du territoire familier.

L'équilibre entre curiosité et crainte est pondéré de manière très différente d'une espèce à l'autre et varie également d'un individu à l'autre au sein d'une même espèce. Les espèces dont le régime de vie est très spécialisé occupent des niches écologiques étroitement définies et se montrent réticentes au changement. Au contraire, les espèces peu spécialisées, qui sont aptes à coloniser des environnements très différents les uns des autres, doivent s'accommoder de la nouveauté, et c'est parmi ces espèces que les conduites néophiles les plus poussées seront observées.

Cette plasticité peut cependant être provisoire et limitée à la période juvénile de l'existence de l'animal, période où il découvre les ressources que lui offre son milieu. La curiosité n'apparaît donc pas également partagée parmi les animaux, bien qu'elle procure une souplesse d'adaptation qui augmente les chances de succès d'une espèce.

De manière générale, parce qu'elle contrarie la recherche de protection et expose l'animal au danger, la curiosité a été tempérée au cours de l'évolution par de véritables mesures de sécurité. C'est ce qu'illustre la comparaison du rat noir et du surmulot avec d'autres espèces de rats, ne vivant pas à proximité de l'homme et de ses pièges. Au contraire, l'absence de prédateur sérieux peut aboutir à une quasi-absence de néophobie chez des espèces comme le pigeon ou le moineau gris. Pratiquant l'opportunisme alimentaire et vivant dans les villes (on ne peut guère trouver de milieu plus changeant), ces deux espèces ne redoutent ni les voitures ni les piétons. La construction des nids elle-même témoigne de cette tolérance au changement. Les couples moineaux ont fréquemment recours à des matières telles que cheveux humains, lanières de plastique, bouts de laine et, suprême raffinement, coton hydrophile pour l'intérieur douillet du nid. La plupart des espèces ne bénéficient pas de conditions aussi favorables à leur prolifération. Il faut donc que leur penchant à la curiosité soit étroitement adapté aux moyens dont l'animal dispose pour se prémunir du danger.

Carol Jaenicke et Annette Ehrlich (1972) ont observé le comportement de deux petits primates aux mœurs nocturnes, le galago à queue touffue (*Galago crassicaudatus*) et le loris paresseux (*Nycticebus coucang*). Ces deux espèces appartiennent à la même famille animale, les *lorisidés*, classés par les zoologistes dans le sous-ordre des *prosimiens*, qui comprend aussi la famille des tarsiers et celle des lémuriens. Les animaux qui composent ces trois familles présentent de nombreux traits archaïques conservés des insectivores primitifs dont descendent tous les primates. Le loris paresseux ressemble à un ourson aux yeux immenses, au pelage laineux. Il se déplace avec beaucoup de lenteur et sans bruit. Le galago à queue touffue pourrait être, quant à l'allure générale, le fruit d'un compromis entre le chat et l'écureuil. Contrairement au loris, il se déplace avec agilité et rapidité.

Différents objets sont introduits dans les cages (une boîte en carton, un chat et un serpent). Les deux espèces se montrent surtout intéressées par le chat et le serpent, sources d'une vive excitation. Leur comportement d'approche est cependant bien différent. Le galago s'approche rapidement et bruyamment en poussant des cris, ce qui a pour effet direct d'attirer l'attention du chat et du serpent. Le loris, au contraire, progresse avec une prudence extrême vers l'objet inconnu, ralentissant chacun de ses mouvements et effectuant de nombreuses pauses au cours desquelles il contrôle l'effet de son approche. Cette stratégie lui permet ainsi de se maintenir à 30 centimètres du chat sans que ce dernier l'ait apparemment remarqué. La stratégie d'approche déployée par le loris paresseux est donc efficace. Néanmoins, si un prédateur se mettait à le poursuivre, il serait en peu de temps livré sans défense. Le risque est important. Dans ces conditions, on s'attendrait à ce que le loris renonce à satisfaire sa curiosité. Il n'en est rien et il se montre aussi intéressé que son cousin le galago. Il faut donc supposer qu'existe chez le loris (et d'autres animaux) un intérêt pour la découverte et l'inconnu suffisamment puissant pour l'amener à prendre des risques importants.

7. LE GOÛT DE LA NOUVEAUTÉ (SYNTHÈSE)

Parmi l'ensemble des êtres vivants, l'homme est le seul à se demander ce qu'il est et d'où il vient. Les religions tentent de répondre à ces deux questions, les sciences également. Selon la théorie de l'évolution proposée par Darwin, l'homme s'inscrit dans une filiation animale. Il se distingue des espèces qui l'ont précédé par différents traits, fruits du hasard génétique. Le développement important des facultés intellectuelles est un de ces traits. Contrairement à Descartes, qui réservait à l'homme un supplément d'âme, on pense aujourd'hui que l'esprit est aussi un produit de l'évolution. La curiosité doit donc s'observer sous une forme ou une autre chez l'animal. Cette démarche comparative nécessite une définition qui ne soit pas trop spécifiquement humaine. Les trois éléments suivants m'ont paru à la fois indispensables et suffisants : la curiosité est suscitée par un objet nouveau, elle se manifeste par l'approche et l'examen de cet objet, elle n'est pas explicable par un besoin autre que la recherche d'information sur cet objet (faim, soif et reproduction en particulier).

La réaction de l'animal face à la nouveauté prend deux aspects : la méfiance, l'objet est dans ce cas évité, l'attraction, l'objet est dans ce cas approché et examiné. La néophobie constitue un obstacle important à la découverte de son milieu par l'animal. Elle enferme celui-ci dans une routine comportementale qui peut lui être préjudiciable si l'environnement est rapidement modifié. Les espèces animales dont le comportement est étroitement adapté à un environnement spécifique sont aussi les plus néophobes, ce qui a probablement contribué à leur spécialisation et détermine en tout cas leur maintien dans un milieu défini de manière rigide. Le degré de néophobie d'une espèce varie en fonction de la pression des facteurs naturels, il augmente sous l'effet d'une prédation intense, diminue en l'absence de celle-ci.

La notion de néophilie est, au contraire, associée à la souplesse d'adaptation d'une espèce. Très développée chez les jeunes de certaines espèces, elle permet la découverte de nouvelles ressources alimentaires et la conquête de nouveaux milieux. K. Lorenz (1978, p. 394) souligne, par exemple, l'extrême diversité des biotopes colonisés par les corbeaux : se nourrissant de charognes dans les déserts d'Afrique, chassant des petites proies dans les forêts d'Europe, ils font provende d'œufs et de poussins encore au nid dans les colonies d'oiseaux maritimes de la mer du Nord. Cette plasticité écologique repose sur des programmes innés que E. Mayr (1974) désigne comme des *programmes ouverts* et dont on a vu une illustration avec les travaux de Heinrich sur le jeune corbeau. La conjugaison de cette tolérance comportementale et d'une activité exploratoire développée permet d'exploiter au mieux les ressources des nouveaux milieux colonisés. Le succès de l'espèce humaine, illustré par sa répartition dans tous les milieux du globe, des plus froids aux plus chauds, des plus secs aux plus humides, montre suffisamment les avantages adaptatifs que procure l'association de ces deux traits. La néophilie a été définie jusqu'alors comme un simple attrait pour la nouveauté. Elle est plus que cela. De manière plus large, elle doit être envisagée comme un besoin de découvertes et d'interactions avec le milieu.

Chapitre 2
L'aiguillon de la curiosité

1. LE CURIEUX NE RÉPOND PAS À UN INSTINCT MAIS À UN BESOIN

Le jeune corbeau s'intéresse à tout ce qui lui tombe sous le bec, à condition que ce soit du nouveau. Vers l'âge d'un an, quand il devient adulte, sa quête d'inédit prend fin. Cette phase juvénile d'intense exploration permettrait à l'oiseau de répertorier tout ce qui pourra subvenir à ses besoins par la suite. L'espèce peut ainsi prospérer dans des environnements très différents les uns des autres grâce à la plasticité de ses conduites alimentaires.

Le rat parcourt inlassablement son territoire, marquant de son urine les points qui balisent les frontières de sa propriété. Il éloigne ainsi d'éventuels rivaux qui pourraient venir le concurrencer sur un domaine juste assez étendu pour le nourrir, lui et sa tribu. Cette reconnaissance quotidienne lui permet aussi d'identifier d'éventuels changements car une bonne connaissance de son domaine lui permettra, en cas de danger, de trouver plus facilement un abri.

L'éthologue s'intéresse à la fonction des comportements et raisonne en termes de contraintes biologiques. Les comportements apparaissent, sont retenus ou modifiés par le jeu de la sélection naturelle. Le bénéfice de l'animal lui-même importe peu dans un raisonnement de ce type car c'est à un autre niveau que se situe l'enjeu, celui de l'espèce. On peut se demander pourtant pourquoi l'animal explore et quel bénéfice il en tire. La manière la plus décevante de répondre à cette question consiste à invoquer l'instinct. Mais qu'est-ce que l'instinct en dehors d'un mot ? La façon dont l'animal explore est stéréotypée, c'est indéniable, les actions mises en jeu sont très semblables d'un individu à l'autre au sein d'une même espèce. Mais le problème n'est pas là. Si on définit un comportement « instinctif » comme une réaction déclenchée automatiquement lorsque certains indices sont détectés dans l'environnement, alors il est évident que la curiosité ne peut pas relever de l'instinct puisque son objet présente justement la caractéristique d'être perpétuellement changeant. La nouveauté n'existe pas en soi, elle dépend directement de l'état des connaissances de celui qui perçoit. Un objet familier, par exemple, peut parfaitement surprendre et être examiné par l'animal s'il est rencontré dans un contexte où il ne se trouve pas habituellement. Dès l'instant où les comportements observés sont expliqués par des connaissances préalables, il devient impossible de faire appel à la notion d'acte guidé par l'instinct. Pour comprendre ce qui anime le curieux, de quelque espèce qu'il soit, il faudra donc recourir aux concepts de motivation et de besoin. De manière à déterminer de quelle nature sont ces motivations et ces besoins, il faudra aussi essayer de mettre en lumière quels sont les bénéfices obtenus par le curieux.

2. LE BESOIN D'ACTIVITÉ

Le terme de pulsion a été amplement popularisé par la diffusion des concepts psychanalytiques auprès du grand public. Comme l'indique l'étymologie du terme, lorsque l'on explique le comportement en termes de pulsion, on va supposer qu'une force interne *pousse* l'individu à agir. Les pulsions dites primaires viseraient à la satisfaction de besoins biologiques, ainsi la faim et la soif en particulier. Les chercheurs qui se sont initialement intéressés à l'exploration ont cherché à l'expliquer en la faisant dériver de ces besoins primaires : parce que l'exploration a permis de découvrir de la nourriture ou un point d'eau, elle serait devenue, par association, une pulsion secondaire demandant également à être satisfaite. Aucune recherche ne permet de justifier cette manière de voir et de nombreuses données viennent même la contredire ; ainsi, des jeunes singes nés et élevés en captivité, n'ayant jamais eu à se préoccuper de la recherche de boisson ou de nourriture, passent beaucoup de temps à retourner des objets ou à inspecter le contenu de récipients divers.

De manière à mieux comprendre la nature de la pulsion exploratoire, on a cherché par la suite à manipuler son intensité en confinant pendant quelque temps des animaux dans un enclos pauvre en stimulations et en opportunités d'action. Lorsqu'on le libère, l'animal apparaît davantage enclin à explorer son environnement, se déplaçant plus qu'à l'ordinaire, observant et manipulant plus souvent aussi. Ce *rebond comportemental*, consécutif à la privation d'espace, d'exercice et de stimulation sensorielle, est immédiat et transitoire ; l'animal revient progressivement à son niveau de fonctionnement initial. Les activités concernées diffèrent selon les espèces et n'affectent pas nécessairement les conduites exploratoires.

Chez les poules, par exemple, le passage d'une cage étroite à une cage plus large aboutit à une augmentation des mouvements peu spécifiques comme l'étirement des ailes et des pattes ou le lissage des plumes (Nicol, 1987). Il serait donc abusif de faire un lien direct entre confinement et exploration. Il est plus exact de dire que le confinement aboutit à une augmentation du besoin d'activité général. Les comportements observés lorsque l'animal retrouve davantage de liberté sont généralement peu spécifiques, ils peuvent être, entre autres, de nature exploratoire.

L'idée d'un rebond est intéressante parce qu'elle suggère qu'il existe une sorte d'accumulation du besoin d'activité lors de la période de confinement. Cette manière d'envisager la pulsion comme un «quelque chose» qui s'accumule jusqu'à un certain niveau pour ensuite déclencher différents comportements est bien illustrée par le modèle hydromécanique proposé par K. Lorenz pour rendre compte de la motivation des comportements. Dans le modèle hydromécanique, la motivation (ou pulsion) est envisagée sur un mode énergétique. Elle se traduit par une certaine quantité de liquide accumulée dans un réservoir et libérée lorsque certains éléments contextuels sont réunis. Quand la quantité de liquide est importante, l'expression du comportement associé devient plus pressante et celui-ci sera plus facilement déclenché. Si les indices (*stimuli*) qui permettraient l'expression de ce comportement ne sont pas rencontrés, la pression exercée par la pulsion devient tellement forte que les comportements peuvent être déclenchés en dehors du contexte qui leur est approprié (ce peut être une parade nuptiale en l'absence de partenaire par exemple), les éthologues parlent dans ce cas d'*activités à vide*. Le phénomène de rebond comportemental correspond tout à fait à ce dernier cas : si on suppose l'existence d'un besoin d'activité (une motivation ou pulsion à agir) et que celui-ci ne peut momentanément s'exprimer en raison du confinement où est maintenu l'animal, alors on peut s'attendre à ce qu'un surcroît d'activité soit observé lorsque le milieu est de nouveau favorable au déploiement d'activités. Il s'agit, en effet, de «vider le réservoir», de «liquider» l'excès de besoin accumulé.

Au-delà du phénomène de rebond d'activité, le modèle hydromécanique permet également de comprendre les troubles du comportement qui se manifestent chez les animaux d'élevage ou de ménagerie. On plaint souvent les espèces sauvages présentées dans les zoos. Les pauvres animaux ne connaîtront jamais cette ivresse des grands espaces, les courses dans la savane au clair de lune, la blancheur immaculée de la banquise. Certes. Ils bénéficient toutefois en contrepartie d'une nourriture abondante et variée, on leur dispense des soins vétérinaires qui prolongent de manière notable la durée de leur existence et, à l'abri dans leur enclos, ils ne redoutent aucun prédateur. L'homme s'est efforcé pendant des siècles de parvenir à cet idéal. Il n'a atteint ce confort de vie que depuis peu et cela ne concerne qu'une fraction de la population mondiale. Le problème des zoos est en fait très proche de celui des villes. On y souffre de deux maux principaux : le stress causé par le passage des visiteurs et l'ennui d'une vie trop monotone. L'enclos est pauvre en stimulations nouvelles et il n'y a rien à y faire non plus. A l'état sauvage, les animaux utilisent une grande partie de leur temps à chercher leur nourriture. Ici, il suffit d'attendre, le repas arrive, toujours à la même heure, prêt à être consommé. Il n'y a plus qu'à se servir. Les compagnons de cage sont toujours les mêmes, il ne faut pas espérer de nouveauté de ce côté non plus. Chez les espèces les plus néophiles, la captivité peut conduire à l'apparition de troubles du comportement. Le plus communément chez les carnivores, ces troubles vont se traduire par des stéréotypies de déplacement, le même parcours va être répéter inlassablement jusqu'à laisser un sillon bien visible sur le sol de l'enclos. Chez les primates, la gamme des troubles est plus diversifiée et peut aller jusqu'à l'automutilation. Le tableau 2.1 recense quelques-uns de ces troubles chez des chimpanzés élevés dans des cages de laboratoire à des fins de recherche.

Tableau 2.1 — Quelques exemples de comportements anormaux chez des chimpanzés captifs (100 heures d'observation par animal) (d'après Walsh, S., Bramblett, C.A. & Alford, P., 1982).

Comportement	Ad. mâles		Ad. femelles		Jeunes	
	N	Fréq.	N	Fréq.	N	Fréq.
Claquer des mains	1	2,0	1	6,0	1	5,0
Ingérer les excréments	2	13,5	5	13,2	2	10,0
Se frotter les yeux	1	2,0	0		0	
Dodeliner de la tête	10	2,9	8	2,0	2	1,0
Retrousser la lèvre inférieure	8	3,6	2	3,0	1	6,0
Emettre des bruits en pinçant les lèvres	7	8,0	2	8,5	1	3,0
Provoquer le vomissement	1	13,0	1	1,0	0	
Balancer le corps	21	9,7	6	7,7	3	4,3
Etreindre le corps avec les bras	15	17,4	7	5,3	1	1,0
Se mordre	2	9,0	0		0	
Se gifler la tête ou les cuisses	2	14,0	2	1,0	0	
Tirer la langue	0		1	12,0	0	
Se sucer le pénis	1	2,0			0	
Se sucer la peau, l'abdomen	0		1	1,0	0	
Boire son urine	1	2,0	0		2	4,0
S'asperger la tête (avec de l'eau)	1	4,0	2	1,0	1	6,0

N = nombre d'individus présentant le comportement,
Fréq. = nombre moyen de comportements par heure.

Ces comportements anormaux sont en général expliqués en invoquant les limitations du milieu, qui ne fournit pas à l'animal les conditions nécessaires à l'expression de ses comportements naturels, et le manque de diversité de stimulations reçues, qui conduit inévitablement à l'ennui. Le modèle hydromécanique dont il a été question précédemment permet d'expliquer de manière simple l'apparition des troubles : la restriction de l'espace imparti et le peu de choses que l'on peut y faire conduisent à l'augmentation du besoin d'activité qui, ne pouvant s'exprimer par les voies normales, emprunte les seules qui soient possibles, la répétition fréquentes de quelques déplacements et l'auto-stimulation sous différentes formes (les éthologues parlent dans ce cas d'*activités de déplacement*).

Les chercheurs qui ont tenté de comprendre les motifs qui poussent l'animal à explorer ont proposé différentes appellations pour ce besoin d'activité. Certains parlent simplement de l'ennui, d'autres évoquent la recherche d'un seuil minimum de stimulation, mais l'idée fondamentale reste toujours la même, la privation de stimulations et d'exercice entraîne un accroissement du besoin d'interaction avec le milieu. L'intensité de ce besoin est déterminée par différents paramètres, l'espèce considérée, le niveau de stimulation auquel l'animal est accoutumé (ces deux points seront davantage développés au chapitre suivant), la durée de son confinement. La prise en compte de ce besoin d'activité permet de répondre de manière plus adéquate aux besoins de l'animal captif.

3. DES REMÈDES À L'ENNUI DANS LES ZOOS

Les établissements zoologiques ont pris conscience tardivement de cette nécessité d'activités chez l'animal (l'article de Morris, en 1964, marque une étape importante de ce point de vue). Ils étaient jusque-là surtout préoccupés de son bien-être physique. Les techniques mises en œuvre pour compenser la pauvreté du milieu artificiel sont regroupées sous le nom générique d'enrichissement environnemental. Il s'agit bien plus souvent de solutions locales ingénieuses, aboutissements d'essais successifs, que de projets longuement concertés et réfléchis. La plupart des efforts ont porté sur les primates dans la mesure où ce sont ces animaux qui sont les plus demandeurs de nouveauté.

Le zoo d'Edimbourg, par exemple, présente un bel échantillon de trouvailles destinées à introduire de la variété dans le quotidien de ses pensionnaires. Les tamarins (*Saguinus sp.*) sont des singes de très petite taille qui vivent dans la grande forêt amazonienne. Leur alimentation, très variée, se compose de fruits, de fleurs, de bourgeons et de petits animaux divers (escargots, insectes, araignées, etc.). Une grande partie de leur temps d'activité est consacrée à la chasse de ces petites proies riches en protéines. Au zoo, deux solutions ont été adoptées pour qu'ils puissent remplir leurs journées le plus naturellement possible. Des vers de farine sont dispersés sur le sol de la cage, composé de morceaux d'écorce. Cette surface irrégulière permet aux vers de se dissimuler facilement, ce qui complique leur capture. Par ailleurs, un long tunnel étroit relie la cage intérieure à une petite boîte grillagée, juchée dans un arbre au dehors. Les tamarins peuvent s'y adonner à la capture de mouches ou, à défaut, à la contemplation d'horizons lointains pour les chasseurs bredouilles. Le groupe de chimpanzés (*Pan troglodytes*) bénéficie d'un grand parc extérieur permettant des acrobaties diverses. Suprême raffinement, une termitière en béton abrite un réservoir de miel. Pour se procurer cette gourmandise, les chimpanzés doivent enfiler des brindilles dans les petits orifices de la termitière. Cet exercice est pratiqué par les chimpanzés sauvages lorsqu'ils veulent se repaître de termites. Il exige bien entendu de la patience et de la dextérité. D'autres singes (*Cercopithecus sp.*) jouissent d'une salle de jeu vraiment étonnante. Un fouillis incroyable pend du plafond de leur cage : des cordes de chanvre, des boîtes en carton, des pots de fleur en plastique. Ces éléments sont changés régulièrement. Dans un enclos vide, des sacs en papier et des filets de pommes de terre attendent d'être utilisés. Les animaux se balancent sur ces lianes étranges, inspectent les boîtes et les pots. De la nourriture y est peut-être dissimulée ou alors quelqu'objet nouveau : une éponge, une balle... Il faut aller voir pour le découvrir.

Ces quelques exemples donnent une idée des mesures qu'il est possible à un zoo d'adopter pour améliorer le bien-être de ses pensionnaires et diminuer leur ennui. Les milieux artificiellement enrichis autorisent davantage d'exploration et de découvertes, les animaux sont par conséquent plus actifs et offrent au public une plus grande variété de comportements. Ces exercices quotidiens permettent de préserver les capacités d'autonomie et d'adaptation de l'animal. Celles-ci lui seront nécessaires lorsqu'il s'agira, pour lui ou ses descendants, de retourner à la vie sauvage. Actuellement, en effet, la plupart des zoos ont pour ambition de préserver les espèces menacées et de tenter de les réintroduire dans leur milieu naturel. Donner à l'animal des opportunités de développer ses savoir-faire et son agilité s'avère tout à fait indispensable de ce point de vue.

Ce but peut être atteint même avec des procédés assez éloignés des conditions naturelles. Markowitz et Aday (1998) en fournissent une belle illustration à propos de la reprise d'un comportement de chasse durable chez une femelle léopard grâce à la mise en place d'un dispositif sonore. A certains moments, déterminés aléatoirement par ordinateur, un chant d'oiseau est diffusé dans un haut-parleur au niveau d'une corniche qui se situe dans le haut de la cage. Lorsque l'animal s'approche, un détecteur de mouvement stoppe le premier haut-parleur et active d'autres dispositifs sonores, situés de plus en plus loin de l'animal et simulant l'envol de la proie jusqu'au bord opposé de la cage où est planté un buisson. Le félin dispose alors d'un délai bref pour se rendre dans cette zone où un autre détecteur de mouvement déclenche la distribution de nourriture. On aurait pu craindre que cette situation artificielle mène l'animal à développer un comportement figé, mais il n'en est rien. L'analyse des comportements montre une grande variabilité des actions. Parfois l'animal ne réagit pas aux stimulations sonores, parfois il y réagit mais en secouant la branche, ce qui déclenche à distance la suite du processus, parfois il bondit sur la branche, parfois il s'approche avec prudence. La grande variété des proies consommées par le léopard permet également de varier la gamme des stimulations aboutissant à l'obtention de nourriture. Cet exemple est remarquable car il est généralement tenu pour difficile de développer des programmes d'enrichissement environnemental avec des carnivores dont la principale activité est la chasse. Pour des raisons assez évidentes, les dirigeants de parcs zoologiques ne sont pas prêts à présenter à leurs visiteurs des scènes de carnage, même si celles-ci sont mises en scène pour le bien-être des animaux. Un dispositif assez simple comme celui qui vient d'être présenté permet cependant de concilier au mieux la satisfaction du public et le respect des besoins comportementaux de l'animal. Au-delà des besoins d'ordre biologique, la possibilité d'exercer différentes activités qui mènent à un résultat contribue de manière importante au bien-être de l'animal captif.

4. DES PORCELETS EN QUÊTE D'INÉDIT

Un milieu statique, trop bien connu ou laissant peu d'opportunités d'exercice conduit à une réduction progressive des activités motrices, celle-ci n'est pas uniquement liée aux contraintes spatiales mais semble aussi associée au manque de variété dans l'environnement. Dans le même temps, pourtant, il semble que la motivation à faire quelque chose s'accroisse, cette idée est justifiée par deux ordres de fait :
– l'existence d'un phénomène de rebond comportemental : quand l'animal retrouve des conditions d'existence plus favorables, un enclos plus spacieux en particulier, on constate une augmentation du nombre d'acti-

vités peu spécifiques, exploratoires notamment (mais aussi étirements, toilette, etc.).

– chez les espèces qui ont été qualifiées de néophiles dans le premier chapitre, la détention captive peut conduire à l'apparition de comportements aberrants : en l'absence d'objets sur lequel ils pourraient s'exercer, des actes sont effectués qui sont dénués de toute signification et serviraient simplement à décharger le besoin d'activité.

Tout se passe comme si quelque chose s'accumulait progressivement dans l'organisme et demandait de façon de plus en plus pressante à s'exprimer àtravers divers comportements. Le modèle hydromécanique de Lorenz permet assez bien de rendre compte de ces phénomènes mais, comme l'ont fait remarquer plusieurs auteurs et comme l'admet Lorenz lui-même, il manque de vraisemblance physiologique. Sa simplicité conceptuelle, aussi séduisante soit-elle, ne s'accorde pas avec ce que l'on sait du système nerveux et de la motivation. Où situer, par exemple, ce réservoir qui stockerait le besoin d'activité?

La théorie de *l'optimum de stimulation* constitue une alternative possible à ce modèle. Elle suppose que l'animal cherche à maintenir un certain niveau de stimulation cérébrale. Lorsque le milieu environnant ne fournit pas suffisamment de stimulations, l'animal se met à explorer son environnement à la recherche d'aspects inédits. De ce point de vue, l'exploration aurait une fonction régulatrice dans la mesure où les activités exploratoires permettent l'obtention des stimulations qui font défaut. La captivité ne permettant pas à cette fonction régulatrice de s'exprimer, c'est à travers d'autres actes que l'animal supplée à son manque d'activité.

L'ennui, défini comme étant un état consécutif au manque de stimulation cérébrale, peut être retenu comme motif possible pour expliquer le besoin d'explorer. Comme la faim et la soif, l'ennui est une réaction à un manque, ici la pauvreté des interactions avec le milieu, que l'animal cherche à pallier à travers l'exploration. Différence importante toutefois, lorsqu'il a faim ou soif, l'exploration de l'animal est orientée vers un but spécifique : il est à la recherche de quelque chose à manger, d'un endroit où boire. Au contraire, dans le cas de l'ennui, l'animal est seulement à la recherche de quelque chose, son mode d'exploration est diffus, sans finalité précise. Ce qu'il recherche, en définitive, ce sont des distractions, des occasions de s'exciter, d'agir, de faire... Cette exploration nonchalante, dictée par l'ennui, aboutit souvent à des conduites ludiques. Deux chercheurs danois, Wood-Gush et Vestergaard (1991), l'ont montré à partir d'une observation portant sur des cochons (*Sus scrofa*). Plus précisément, il s'agissait de porcelets juste sevrés, âgés de 5 à 6 semaines et groupés par portée. Les petits cochons sont hébergés dans un enclos assez vaste recouvert de paille que, spontanément, ils divisent en une partie qu'ils gardent propre et qui est affectée au couchage tandis que l'autre moitié de l'enclos est souillée. De part et d'autre de cet enclos principal se situent deux espaces plus petits, accessibles aux animaux lorsque la porte qui les sépare de la partie principale est ouverte. Dans chacun de ces réduits, un panneau de bois permet aux expérimentateurs de cacher des objets variés : botte en caoutchouc, pneu, rondins, seau en plastique, corde... Les objets sont cachés alors que les deux espaces latéraux ne sont pas accessibles aux animaux. A chaque essai, un objet nouveau est placé d'un côté tandis que de l'autre, c'est un objet familier, avec lequel les cochonnets ont déjà passé trois jours qui est posé. Bien que les objets introduits ne présentent aucun intérêt alimentaire, ils suscitent un vif intérêt de la part des animaux et leur préférence va nettement aux objets nouveaux. Lorsqu'un porcelet entre dans le réduit et qu'il découvre, derrière l'écran de bois, l'objet déjà connu, il se détourne immédiatement et se précipite de l'autre côté. Durant les séances de test, les porcelets sont vivement excités et attendent impatiemment l'ouverture des portes. Lors des derniers essais, ils se regroupent même devant l'entrée du réduit où ils savent désormais pouvoir trouver l'objet nouveau. L'analyse des comportements au cours des cinq minutes que dure chaque séance montre également une évolution de leurs activités. L'exploration de l'objet nouveau laisse place progressivement à des conduites ludiques au cours desquelles les cochonnets gambadent et chahutent entre eux. Cette joyeuse excitation, ces cavalcades sans but sont fréquentes chez les jeunes mammifères. Les poulains, les veaux, les agneaux piquent des galops sans raison apparente. De même, l'enfant humain bondit, gesticule, traverse la maison en courant et en poussant des cris. Ces bouffées d'activité motrice dépourvues de finalité témoignent d'un niveau d'excitation important qui cherche à s'épuiser dans l'action. Dans le cas des porcelets, l'excitation est directement liée à l'arrivée attendue d'un événement nouveau dans leur univers par ailleurs monotone. La simple découverte d'une botte en caoutchouc produit chez eux un véritable embrasement nerveux qu'ils tempèrent en se livrant à différentes manifestations de pétulance.

La curiosité peut être justifiée par un état de réceptivité générale de l'organisme, c'est un premier point. Il existe des conditions qui favorisent la sensibilité à la nouveauté. Ces conditions sont assez bien résumées par la notion générale d'ennui. L'ennui et les environnements ennuyeux sont des moteurs puissants pour la curiosité. Evidemment, la curiosité n'est pas que cela. La curiosité porte également sur des évènements, des situations et des objets particuliers qui ont pour caractéristiques communes d'être nouveaux. La nouveauté n'existe pas dans l'absolu, tout objet, toute situation tire son caractère nouveau de l'état de connaissance présent de l'organisme. Pour bien comprendre la relation qui existe entre curiosité et nouveauté, il est indispensable d'introduire la notion d'anticipation. Anticiper est en effet un pré-requis indispensable à la sensibilité à la nouveauté, au fait d'être surpris.

La surprise découle d'un écart constaté entre ce qui était attendu et ce qui est perçu. Lorsque l'on parle de sensibilité à la nouveauté chez l'animal, cela implique nécessairement qu'il possède en mémoire une certaine représentation du réel et qu'il soit capable, sur la base de cette représentation, de poser un pronostic quant à la suite des évènements. La présence d'une capacité d'anticipation chez l'animal n'est pas difficile à mettre en évidence. De très nombreuses expériences ont été menées sur l'apprentissage chez les animaux et toutes mettent en jeu cette capacité d'anticipation. Ainsi, dans les expériences bien connues de Pavlov sur le conditionnement, à force d'association entre l'audition d'un son de cloche et la présentation de viande, le chien se met, après quelques essais, à saliver au seul son de la cloche. L'expérience marche très bien si le son précède ou accompagne la présentation de viande, les résultats sont beaucoup moins bons s'il suit la présentation de nourriture. Il n'y a donc pas seulement association entre le son et la présentation de viande, le son devient un indice, un signal qui permet d'anticiper sur la présentation de nourriture et, dans l'attente de la nourriture, le chien se met à saliver. Parler d'anticipation n'implique pas nécessairement l'existence d'opérations conscientes chez l'animal ou, pour parler plus précisément, d'un contrôle du cours des représentations mentales. Il suffit que la situation présente active en mémoire et par analogie la récupération d'évènements qui se sont présentés en pareilles circonstances par le passé. Si le stockage en mémoire associe la perception de certaines situations ou de certains objets avec certaines actions, alors la réactivation de ces souvenirs aboutit aussi à déterminer un sous-ensemble de comportements plus ou moins probables qui permettent de se préparer à agir, voilà l'anticipation.

5. S'ENQUÉRIR DES MODIFICATIONS INTERVENUES DANS LE MILIEU

Un exemple concret permettra de mieux définir comment se manifestent les capacités d'anticipation de l'animal. Pendant plusieurs décennies, la psychologie expérimentale, celle que l'on pratique dans les laboratoires, a tenté de mettre en évidence les lois qui régissent l'apprentissage à partir d'études portant sur l'animal, généralement des rats et des pigeons. De manière à pouvoir comparer les résultats obtenus dans différents laboratoires, des méthodes d'observation standardisées ont été élaborées. Pour les rats, par exemple, le dispositif le plus utilisé est connu sous le nom de *boîte de Skinner* (de B.F. Skinner, 1904-1990, chercheur américain dont les travaux ont profondément renouvelé la psychologie de l'apprentissage). Il s'agit d'une cage à parois métalliques pourvue d'un levier relié à un dispositif électronique. Ce dispositif délivre automatiquement de la boisson ou de la nourriture lorsque l'animal presse un certain nombre de fois le levier. Ce nombre peut être fixé au départ par l'expérimentateur ou varier aléatoirement entre certaines bornes. Prenons un cas simple où chaque appui sur le levier aboutit à l'obtention de granulés alimentaires. Evidemment, l'étude sera plus concluante si le rat présente un intérêt réel pour les granulés et le meilleur moyen de s'en assurer, c'est de le faire jeûner pendant quelques temps avant de procéder à l'observation. Lorsque le rat affamé est amené dans cette boîte où il n'a jamais posé les pattes, il commence par se livrer à une reconnaissance du nouvel endroit. Ce faisant, il passe à proximité du levier et peut-être va-t-il l'actionner par inadvertance, en cherchant à flairer le haut de la boîte par exemple. Automatiquement, quelques granulés tombent dans un compartiment réservé à cet usage. Le rat, intrigué, s'approche, les examine puis les mange. Il reste un moment à flairer dans la zone où ont été délivrés les granulés et explore plus consciencieusement que la première fois les alentours. A cette occasion, il peut à nouveau appuyer par hasard sur le levier et obtenir des granulés. Dans les essais qui suivent, sa zone d'exploration devient de plus en plus circonscrite à la région du levier et, bientôt, juste après avoir appuyé, il s'avance vers le compartiment où sont délivrés les granulés. La relation qui unit action et résultat, appui sur le levier et présentation de nourriture, a été découverte et maîtrisée par l'animal. Il est maintenant à même de prédire que chaque appui sur le levier déclenche la présentation de nourriture. Mais que se passe-t-il maintenant si, son niveau de motivation restant élevé (il a toujours faim), on déçoit ses attentes en déconnectant le dispositif? Les comportements que l'on observe alors correspondent tout à fait à ce nous nommerions habituellement « frustration » : l'animal devient agressif, il mord le dispositif, attaque éventuellement un de ses congénères. De même, si le délai entre l'appui sur le levier et la rétribution sous forme de nourriture est long, on voit apparaître des piétinements, des mâchonnements et d'autres comportements sans finalité précise qui rappellent les activités auxquelles se livrent les animaux après confinement. Il n'est pas nécessaire, je pense, de souligner combien ces manifestations d'impatience et de dépit sont similaires à celles que l'on trouve dans notre espèce. Chez l'animal comme chez l'homme, les divergences entre attentes et perception prennent une coloration affective (plus ou moins développée selon les espèces, le cochon est, de ce point de vue, bien plus proche de l'homme que le rat). La confrontation à un élément nouveau relève de ce cadre. Elle débute par la détection d'un écart entre le perçu et l'attendu qui, automatiquement, active une réaction d'alerte : le niveau d'éveil s'accroît et les récepteurs sensoriels convergent vers la source de discordance. Remarquons au passage que l'on n'est plus du tout ici dans le domaine de la pulsion. L'animal n'est pas poussé par un besoin d'origine interne comme précédemment mais, au contraire, aiguillonné par une stimulation extérieure qui le fait réagir. L'exploration qui fait suite à cette élévation du niveau d'éveil constitue une réponse adaptée car elle permet de diminuer le niveau d'excitation nerveuse en essayant d'assimiler le nouveau à du déjà connu. Le niveau d'alerte nerveuse est proportionnel au degré de nouveauté de la situation. Lorsque la situation est complètement inhabituelle, le niveau d'alerte est extrême et conduit en général à des réactions néophobiques de fuite.

Plusieurs caractéristiques opposent l'exploration motivée par l'ennui et celle qui est motivée par la confrontation à la nouveauté. Le *besoin d'activité* conduit à une exploration qui n'est dirigée vers aucun objet précis et aurait pour fonction de maintenir ou d'augmenter le niveau d'éveil en favorisant les opportunités d'interactions avec l'environnement. Au contraire, le besoin d'explorer qui fait suite à l'échec de l'anticipation est dirigé vers un objet bien spécifique. Sa fonction serait de diminuer le niveau d'alerte de l'organisme, ce qui arrive effectivement lorsque l'animal examine plus en détail la nature des changements survenus dans son milieu. Je proposerai d'appeler ce second motif d'exploration, *besoin de s'enquérir*.

Il faut se garder cependant de concevoir ces deux formes de la curiosité comme deux phénomènes radicalement séparés. Dans le cas général, l'exploration résulte souvent de la conjonction heureuse d'une situation partiellement nouvelle et d'un état de réceptivité favorisé par la monotonie du milieu. Explorer les limites du territoire familier, c'est aussi se confronter aux limites du savoir que l'on possède, ce qui constitue autant d'occasions d'accroître ce dernier.

6. LA RECHERCHE ACTIVE D'INFORMATIONS

Parvenus à cette conclusion, on pourrait penser que l'idée d'une quête de savoir chez l'animal n'est finalement qu'une jolie formule pour désigner des comportements ne présentant qu'une similitude de surface et répondant l'un à la recherche de distraction et l'autre à une stratégie de réassurance. Envisagée de ce point de vue, la curiosité à l'état de nature se réduirait au scénario suivant : sous l'effet de son besoin d'exercice, l'animal part se dégourdir dans les environs, faire un petit tour du domaine. Au cours de sa promenade, il tombe par le plus grand des hasards sur quelque changement, s'en effraie d'abord et puis, tenté tout de même, finit par s'approcher, identifie la nouveauté en question par telle odeur spécifique avant de s'en retourner rasséréné au logis.

Cette image n'est pas seulement simpliste, elle est surtout fausse. Il suffit de se rappeler les patrouilles nocturnes effectuées de manière systématique par le rat sauvage sur l'ensemble de la superficie de son territoire pour réaliser que les choses ne sont pas si simples (voir chapitre 1). L'idée qu'il existe de la part de l'animal une recherche permanente d'informations sur son environnement est assez peu familière. On pourrait la juger comme un excès d'anthropomorphisme. Revenons un moment à l'exemple développé au paragraphe précédent : un rat placé dans une boîte de Skinner a découvert qu'en actionnant le levier, il obtenait des granulés comestibles. Introduisons à présent dans l'enclos un bol contenant exactement la même nourriture que celle qui lui est délivrée lorsqu'il presse le levier. Dans ces conditions, et contre toute attente, le rat continue à presser le levier pour s'alimenter. Cette préférence pour l'effort rétribué sur la nourriture facilement acquise est connue sous le nom de *contra free loading*. Le rat ne se distingue pas par son caractère particulièrement industrieux. Les mêmes observations peuvent être faites chez d'autres animaux, la poule et le pigeon en particulier. Différentes bonnes raisons ont été avancées pour expliquer cet effet. Certains chercheurs font remarquer, par exemple, que la recherche de nourriture s'accompagne chez le rat d'une importante activité motrice. Cette tendance naturelle aurait besoin de s'exprimer chaque fois qu'il y a recherche de nourriture. Elle prendrait ici la forme d'appuis sur le levier.

Les exemples qui suivent sont empruntés à la thèse de B. Forkman (1993) sur la gerbille de Mongolie (*Meriones unguiculatus*), un rongeur des milieux désertiques. L'optique adoptée par Forkman s'oppose à l'hypothèse des tendances naturelles pour considérer la collecte d'informations sur le milieu comme une activité à part entière de l'animal. Ce point de vue a été initialement avancé par le psychologue américain Woodworth à la fin des années 50, mais il a eu assez peu d'échos en dehors des théories développées par Inglis, dont s'inspire d'ailleurs Forkman, et sur lesquelles nous reviendrons ultérieurement. Dans ce cadre, au lieu d'invoquer les tendances naturelles, la persévérance du rat qui continue à appuyer sur le levier sera expliquée en supposant que cette action lui procure un double bénéfice : il reçoit de la nourriture et, *en plus*, il vérifie la validité d'une information nouvellement acquise : appuyer là-dessus permet d'obtenir de la nourriture. De manière à fournir des arguments à l'appui de cette hypothèse, Forkman a mis en place une série d'expériences très ingénieuses. Il s'agit chaque fois de laisser choisir les gerbilles entre deux sources de nourriture strictement équivalentes d'un point de vue alimentaire, l'une demandant un effort, l'autre pas.

Dans une première expérience, deux bols sont proposés comprenant chacun 150 graines de tournesol, un des mets favoris des gerbilles. Dans un des bols, les graines sont déjà décortiquées et peuvent donc être consommées directement. Dans l'autre bol, les graines sont présentées avec leur écorce comme à l'accoutumée. Les gerbilles préfèrent nettement se nourrir avec les graines déjà décortiquées. La préférence pour l'effort n'est donc pas systématique. Elle n'est pas non plus explicable en faisant appel aux comportements naturels de l'animal. En effet, les gerbilles ont pour usage d'écorcer les graines avant de les manger mais, comme on le constate, elles s'en dispensent à l'occasion lorsque ce n'est pas nécessaire. Dans une deuxième expérience, les gerbilles sont d'abord entraînées à soulever le couvercle de boîtes de Petri, ces petites boîtes rondes utilisées pour les cultures cellulaires dans les laboratoires. Chacun des rongeurs développe son propre style, utilisant soit le museau, soit les pattes avant, soit les dents. Lorsque cette nouvelle activité est maîtrisée, on introduit les animaux dans un espace offrant le choix entre un bol de 150 graines de tournesol et 30 graines réparties dans 30 boîtes de Petri. Au fil des jours, les animaux développent une préférence pour la recherche des graines dissimulées sous le couvercle des boîtes. On peut remarquer au passage l'analogie entre le comportement de la gerbille et la curiosité dans son sens le plus général. L'animal dispose de toute la nourriture dont il a besoin mais ce n'est pas ça qui l'intéresse. Ce qu'il veut, c'est fourrer son museau sous le couvercle et regarder ce qu'il y a là-dessous. Accessoirement, il en profite pour manger la graine qui s'y trouve. En lui prêtant notre point de vue humain, on pourrait aller jusqu'à imaginer que cette graine unique a bien plus de saveur que n'importe quelle autre piochée parmi les cent cinquante du bol. L'animal préfère s'alimenter en exerçant une compétence nouvellement acquise plutôt que de bénéficier sans effort d'une grande quantité de graines. Il est cependant impossible de choisir ici entre ces deux interprétations différentes : est-ce que l'animal s'assure ainsi de la maîtrise qu'il a développée sur son environnement ou est-ce qu'il soulève les couvercles parce que cet acte a été associé à l'obtention de nourriture au départ (ce serait dans ce cas un exemple de persévération d'un comportement auparavant efficace) ? La troisième expérience permet d'y voir plus clair. Cette fois, nul besoin pour la gerbille de développer de nouveaux talents, on lui propose le choix entre deux terrains d'aventure : le premier composé d'un plateau rond et noir où sont semées 35 graines, le second a pour base un plateau similaire dont la surface a été préalablement encollée de sciure et d'écorces, ce qui rend les 35 graines qui y sont dispersées bien plus difficiles à découvrir. Comme on pouvait le supposer, les gerbilles passent plus de temps sur ce deuxième plateau, ce qui confirme que la recherche d'informations sur les situations inhabituelles est vraisemblablement ce qui les motive.

Les tentatives de maîtrise du milieu complexe et changeant où s'inscrit son existence constituent des activités à part entière de l'animal, indépendantes de ses besoins biologiques. Lorsque ces derniers sont satisfaits, la collecte d'informations constituerait l'activité principale de beaucoup d'animaux, elle serait stoppée au contraire par leur émergence. Des travaux déjà anciens ont en effet montré l'existence d'un antagonisme entre l'état de besoin et l'exploration. Placés dans un labyrinthe, des rats qui ont été soumis au jeûne utilisent la route indirecte qu'ils ont précédemment apprise et qu'ils savent mener avec certitude à la nourriture. Lorsqu'ils sont moins motivés par la faim, les rats se déplacent de manière plus aléatoire, ils trouveront plus facilement ainsi un raccourci qui permet d'accéder plus rapidement à la nourriture. En l'absence de contrainte de survie immédiate et tant que l'incertitude persiste, la variabilité du comportement est de règle : des rats dans un labyrinthe en forme de T visitent alternativement chacun des deux bras au cours des essais successifs. Placés dans une boîte de Skinner, ils déploient un large éventail de comportements qui se restreint lorsque l'action la plus efficace (celle qui aboutit à l'obtention de granulés) est découverte, mais que la distribution de nourriture cesse ou devienne aléatoire et on voit bientôt se redéployer l'éventail des comportements. M. Richelle (1993, p. 149) souligne l'importance de cette variabilité spontanée du comportement : elle garantit la diversité des expériences et permet à l'animal de ne pas s'enfermer dans les conduites déjà acquises mais d'élargir au gré des opportunités rencontrées sa palette de savoir-faire et sa connaissance du milieu.

La curiosité ne fait pas bon ménage avec la nécessité. Il est dans sa nature de musarder, prompte à se laisser séduire par la première libellule qui passe. Elle est un luxe de l'esprit libre de toute contrainte. La gerbille ne passerait pas tant de temps à soulever les couvercles des boîtes de Petri si elle était affamée. Elle se précipiterait au contraire vers le bol de graines. Pourtant, dans la mesure où la faim ne la presse pas trop, elle préfère se livrer à cette nouvelle activité pour trouver sa pitance. Quel en est le bénéfice de son point de vue ? Impossible à dire avec certitude. Sur la foi de notre expérience commune de mammifères, on peut quand même risquer une explication : cet exercice serait pour elle une source de satisfaction parce que la méthode qu'elle a élaborée pour soulever le couvercle est réalisée avec de plus en plus de facilité et parce que ses attentes vis-à-vis de ce qui se trouve caché dessous sont chaque fois confirmées. Cette tentative d'explication, qui nous oblige à évoquer la notion de satisfaction, nous amène aussi à supposer l'existence d'une expérience du plaisir chez l'animal.

7. OLDS ET MILNER À LA RECHERCHE DU PLAISIR

Revenons un peu à nos cochons. Après quelques répétitions, ils ont découvert qu'à l'ouverture des portes qui permettent l'accès aux enclos latéraux, ils avaient la possibilité de découvrir un objet nouveau, une surprise que l'expérimentateur a dissimulée à leur insu. Désormais, ils savent que quelque chose sera caché derrière le panneau de bois, ils savent même que, de ce côté de l'enclos, il s'agira d'un objet insolite. Ils n'ont par contre aucun moyen de deviner ce que sera cet objet et, même s'il ne s'agit en définitive que d'objets assez triviaux, l'écart est grand entre un pneu de bicyclette et trois bûches liées par un fil de fer. Ils sont donc dans cet état de tension extrême où, à la fois, ils savent que le dénouement est proche et, en même temps, ils n'ont aucun moyen de précipiter le dénouement. Pour le moment, la porte est close, les porcelets, flancs contre flancs, se poussent du groin, ronchonnent, piétinent nerveusement la paille qui recouvre le sol et puis les portes s'ouvrent, c'est la bousculade, la pagaille générale, ils se ruent à l'intérieur et s'attroupent autour de l'objet : une botte en caoutchouc ! Stupeur, incrédulité, on l'observe, on la flaire, on la houspille, on la mord, on la jette en l'air. Et puis, c'est l'allégresse générale, cavalcades et chahut, l'excitation est à son comble.

Si l'effet nous paraît, de notre point de vue d'humains, disproportionné au regard de la cause, nous ne pouvons nous empêcher de rire à la vue de ces cochonnets tout excités par la surprise qu'on leur prépare. Enfant, n'étiez vous pas de cette même impatience les matins de Noël lorsque le moment était venu d'aller voir les cadeaux ? Qu'importe si le nouveau jouet s'endort pour toujours au fond du placard après quelques jours, c'est ce moment de la surprise qui est précieux, qui fait la magie de cet instant. Darwin écrivait déjà au siècle dernier : «... *c'est surtout l'avant-goût d'un plaisir et non la jouissance elle-même qui provoque ces mouvements extravagants et sans but et ces sons variés. C'est ce que nous observons chez nos enfants, quand ils attendent quelque grand plaisir ou quelque fête; de même, un chien, qui faisait des bonds joyeux à la vue d'une assiettée de nourriture, ne manifeste plus sa satisfaction, quand il la possède, par aucun signe extérieur, pas même en remuant la queue*» (traduction française dans Dumas, 1900, p. 24). Les bonds joyeux du chien, l'allégresse du cochon, c'est ce que nous lisons dans les mouvements folâtres qui les animent à ce moment précis. Pour l'enfant que nous avons été, pour l'adulte que nous sommes, il est évident que ces états d'excitation sont agréables, on les nommerait, par ordre décroissant d'intensité, exubérance, joie ou entrain. Qu'ils s'arrêtent lorsque tombe le papier qui enveloppait les cadeaux ou que l'excès d'excitation se prolonge un peu au-delà de leur découverte n'est pas vraiment important. La question plus fondamentale que l'on peut se poser concerne l'existence du plaisir animal.

Le cochon et le chien font-ils eux aussi l'expérience de la joie lorsqu'un événement inattendu vient les distraire d'un quotidien trop morne ou que leur souhait se réalise enfin? La réponse, pour des raisons évidentes, n'est pas aisée. Des éléments contribuant à ce débat ont été apportés par Olds et Milner (1954) grâce à la technique de l'auto-stimulation cérébrale. La technique que ces deux chercheurs ont imaginée repose sur une idée d'une grande logique : si certaines zones du cerveau sont associées au plaisir, alors leur stimulation devrait être activement recherchée par les rats qui serviront ici de sujets. La stimulation directe du cerveau peut être assez facilement obtenue au moyen d'électrodes implantées de manière permanente chez l'animal. L'opération à réaliser est assez simple : le rat est anesthésié et on immobilise sa tête dans un appareil de contention standard. Après que la surface du crâne ait été mise à nu, on perfore l'os au moyen d'une petite fraise de dentiste. Une électrode est ensuite descendue à l'intérieur du cerveau, son support est fixé directement à la surface du crâne au moyen de mastic dentaire. En faisant varier la zone de perforation et la profondeur à laquelle on descend l'électrode, on peut stimuler différentes zones du cerveau. La stimulation électrique que l'on délivre est limitée à la pointe de l'électrode, ce qui permet une grande précision dans le repérage des zones du cerveau affectées par le courant électrique. Par ailleurs, les courants électriques utilisés sont d'intensité faible (moins de 5 volts), ce qui limite leur effet. Quelques jours après l'opération, le rat, qui n'apparaît pas gêné outre mesure par la présence de l'électrode dans son cerveau, est introduit dans une boîte de Skinner. Chaque appui sur le levier provoque la délivrance d'un petit choc électrique au niveau de l'électrode. Si la fréquence des appuis augmente ou se maintient à un niveau élevé alors, c'est vraisemblablement que le rat apprécie la stimulation reçue. Les résultats les plus impressionnants sont obtenus pour les animaux qui ont la pointe de l'électrode placée dans une région du cerveau que l'on appelle le septum : dans l'article initial de Olds et Milner, un rat se délivre près de 2.000 appuis en une heure ! Chez l'homme, des tests ont parfois été pratiqués sur des volontaires lors d'interventions chirurgicales portant sur le cerveau. La stimulation électrique du septum aboutit à une expérience que les patients décrivent comme agréable, proche de la sensation que l'on ressent à l'approche de l'orgasme, l'attente d'une jouissance qui tarde à venir et n'en sera de ce fait que plus délicieuse... (il faut noter que, pour d'autres patients, la sensation éprouvée est plutôt décrite comme proche de l'intérêt et de la curiosité).

Ce parallèle entre l'animal qui s'autostimule et le patient qui décrit son sentiment orgasmique est suggestif. On ne peut pourtant pas sur cette base conclure à l'existence d'une expérience subjective du plaisir chez l'animal car l'autostimulation se distingue de l'expérience humaine du plaisir par plusieurs aspects. Lorsque l'animal a appuyé une première fois sur le levier, tout se passe comme si quelque chose le poussait à appuyer à nouveau, encore et encore. Si la stimulation est d'intensité optimale, le rat délaisse boisson, nourriture et partenaire bien disposée pour céder au besoin de s'autostimuler. En définitive, il finit quand même par succomber à l'épuisement général et s'écroule de fatigue à proximité de ce levier dont il est devenu l'esclave. On peut, à bon droit, s'interroger sur l'interprétation de ce comportement en termes de plaisir car, en toute objectivité, ce que l'on observe, c'est seulement un animal qui appuie frénétiquement sur un levier. On peut penser, comme le font Olds et Milner, que le rat, par l'intercession d'un miracle technologique, atteint le nirvana physiologique à chaque appui. On peut aussi, version plus pessimiste, supposer que la décharge électrique reçue incite l'animal à appuyer de nouveau, l'enfermant dans un cercle diabolique dont il ne pourra pas de lui-même sortir. La cessation du lien appui-stimulation cérébrale a un effet magique : le rat se déprend presque immédiatement du levier. Pour que le charme opère de nouveau, il sera nécessaire de « réamorcer » l'animal : l'expérimentateur devra le poser délicatement sur le levier pour le voir reprendre avec énergie ce comportement qui l'aliène. Cette désaffection brutale pour un comportement qui mobilisait l'animal tout entier quelques secondes auparavant est singulière si on considère l'autostimulation comme plaisante. On se sépare en général des expériences agréables avec regret, et on devrait s'attendre à ce que le rat revienne de temps à autre au levier, vérifier avec désappointement que la stimulation électrique a bel et bien cessé. En fait, c'est bien ce que l'on observe si l'on prend la précaution toutefois d'introduire quelques instants de délai entre l'appui sur le levier et la stimulation électrique. En l'absence de ce délai, la superposition de l'action et de son effet produit vraisemblablement un embrasement cérébral qui perturbe l'organisation normale du comportement.

La technique de l'autostimulation intracérébrale permet difficilement de savoir si le comportement frénétique dont fait preuve l'animal est justifié par le plaisir extrême qu'il en retire (et qu'il cherche à renouveler sans attendre) ou si les formations nerveuses qui sont stimulées par l'électrode incitent à l'action. Dans les deux cas, l'animal serait amené à réitérer ses appuis sur le levier. En restant prudent, on peut avancer que s'il existe une expérience du plaisir chez l'animal, elle est associée à l'excitation motrice, comme le suggérait Darwin dans la citation rapportée en début de paragraphe. Cette expérience du plaisir consacrerait l'efficacité de l'action dans les conditions habituelles mais inciterait à sa reprise immédiate dans le cas particulier de l'autostimulation en raison des caractéristiques très artificielles de la situation (intensité électrique forte, superposition de l'action et de son effet).

8. SE PRÉPARER À L'ACTION AVEC L'HYPOTHALAMUS LATÉRAL

Le comportement d'autostimulation est absurde d'un point de vue biologique, mais quel peut être le rôle habituel des structures nerveuses qui permettent de l'obtenir? J. Panksepp (1982) les envisage comme les parties d'un vaste système motivationnel en rapport avec l'anticipation et la poursuite de buts. Ce système se manifesterait principalement par la mise en jeu de conduites exploratoires et son support anatomique serait constitué par des fibres nerveuses qui partent du mésencéphale, traversent le diencéphale au niveau de l'hypothalamus latéral et se ramifient ensuite dans le cerveau antérieur (voir figure 2.1). Ces fibres auraient pour caractéristique commune d'utiliser la dopamine dans leurs échanges. La dopamine est un neuromédiateur principalement utilisé par les voies nerveuses de la motricité (c'est le métabolisme de cette molécule qui est perturbé dans la maladie de Parkinson).

Selon Panksepp, l'hypothalamus latéral joue un rôle de premier plan au sein de ce système. Cette hypothèse est appuyée par une série de faits

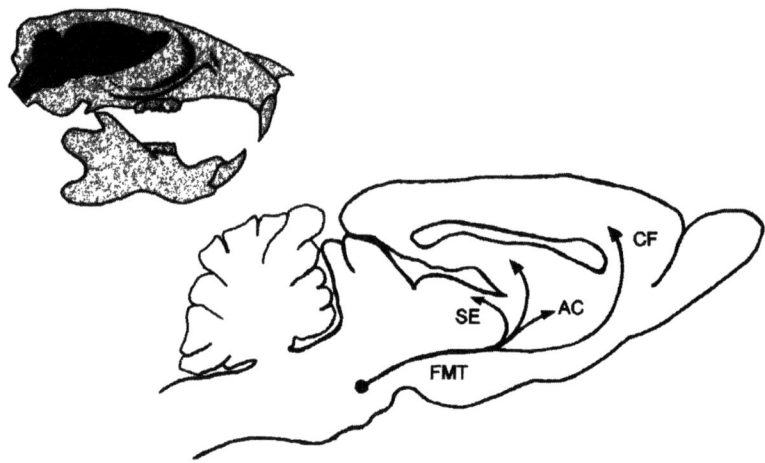

Figure 2.1 — Coupe médiane du cerveau du rat sur laquelle sont indiquées les fibres dopaminergiques qui constituent le support anatomique du système d'approche proposé par Panksepp (1982); le dessin à gauche montre la position du cerveau dans le crâne du rat (d'après Habib, 1989).
Liste des abréviations : FMT = faisceau médian du télencéphale, SE = septum, AC = noyau accumbens, CF = cortex frontal.

issus de recherches en laboratoire. Chez le rat ni affamé, ni assoiffé, n'ayant ni aliment ni boisson à proximité immédiate, la stimulation électrique de l'hypothalamus latéral aboutit à un comportement qui ne relève d'aucun besoin élémentaire en particulier : l'activité motrice augmente, l'animal se déplace, renifle, furète, manipule les petits objets qui se trouvent à sa portée, en un mot, il présente tous les signes typiques du besoin d'activité pour cette espèce. Sous l'effet d'un besoin plus spécifique cette fois, les neurones de l'hypothalamus latéral préparent l'organisme à l'action en le sensibilisant à différents aspects de l'environnement. Dans le cas d'une recherche d'aliments, par exemple, leur action va porter sur les cellules du bulbe olfactif qui deviennent très réceptives aux odeurs à valeur alimentaire, tandis que leur sensibilité aux autres odeurs reste identique. On a pu montrer également que l'activité des neurones de l'hypothalamus latéral augmente à mesure que l'animal s'approche de la nourriture. Leur excitation est maximale juste avant la consommation des aliments. Elle décroît rapidement lorsque la mastication commence. C'est, en termes physiologiques, une traduction très exacte de l'impatience qui accompagne l'anticipation d'un résultat et Panksepp n'hésite pas d'ailleurs à parler d'aiguillon du comportement pour décrire la fonction supposée de l'hypothalamus latéral.

On peut hésiter à sauter si facilement le pas des besoins biologiques primaires (boire, manger) aux besoins psychologiques que ce chapitre a tenté de mieux cerner, le besoin d'activités et le besoin de s'enquérir. Les résultats cités par Panksepp à l'appui de sa thèse sont principalement en rapport avec la motivation alimentaire et d'autres auteurs considèrent plutôt l'hypothalamus latéral comme un centre de l'appétit. Le langage courant recourt volontiers, il est vrai, à des images tels que «l'appétit de découverte», la «faim de savoir» ou la «boulimie de connaissances». Mais que pèsent les métaphores face aux circuits nerveux?

Panksepp insiste sur la facilité avec laquelle les cellules de l'hypothalamus latéral deviennent excitables sous l'effet de stimulations qui n'ont pas de valeur biologique par elles-mêmes, mais annoncent ou permettent de prédire la survenue prochaine d'évènements importants d'un point de vue biologique. Il est important aussi de ne pas perdre de vue que l'hypothalamus latéral est considéré ici en tant qu'élément remarquable d'un système plus large comprenant d'autres structures nerveuses. Le rôle de ces autres structures est également à considérer. Le *noyau accumbens* (voir figure 2.1), en particulier, qui constitue un des points d'aboutissement des neurones à dopamine du mésencéphale (et émet des prolongements vers le septum, l'hypothalamus et le bulbe olfactif), jouerait un rôle important dans l'initiative motrice, la sensibilité aux changements et peut-être même à l'ennui (Simon & Le Moal, 1985). Des relations antagonistes ont été signalées entre le cortex frontal, associé aux processus d'attention sélective, et l'accumbens, dont la fonction supposée pourrait être qualifiée de «diversive», c'est-à-dire en rapport avec la recherche de distractions. On sait en particulier que, lorsque l'on place un rat dans un enclos très pauvre en stimulations, l'activité des neurones dopaminergiques du cortex frontal diminue tandis que celle des neurones accumbens augmente, ce que l'on pourrait traduire comme une augmentation du besoin d'activité motrice associé au confinement. L'excitation de l'hypothalamus latéral par l'accumbens pourrait donc permettre d'initier la quête de stimulations et d'opportunités d'action.

A condition de le considérer dans sa globalité et sa diversité d'aspects, l'idée d'un système motivationnel général proposée par Panksepp paraît donc recevable. Concernant plus particulièrement la motivation de la curiosité, de nombreux éléments issus de la neurophysiologie font écho à ce que l'on pouvait tirer de l'étude du comportement animal. Les mécanismes nerveux qui ont été évoqués fournissent un support anatomique où pourrait assez aisément s'incarner le besoin d'activité dégagé des recherches sur le confinement.

9. L'AIGUILLON DE LA CURIOSITÉ (SYNTHÈSE)

A la recherche du *primum movens* qui anime le curieux, nous avons évoqué, au cours de ce chapitre, deux besoins : le besoin de s'enquérir, en réponse à la nouveauté, et le besoin de distractions, qui répond à l'ennui. Ce dernier motif n'est pas indispensable à la curiosité, mais il y dispose. L'animal confiné devient plus réceptif à la nouveauté, même s'il est vrai que son besoin d'interactions est en fait peu spécifique. Différents auteurs attribuent pour fonction à ce besoin le maintien du niveau d'éveil et supposent l'existence d'un niveau optimum de stimulations que tout organisme cherche à atteindre et à maintenir. Dans la mesure où la réaction au confinement consiste surtout en un accroissement de l'activité motrice, il paraît plus judicieux de parler d'une augmentation du besoin d'activité se traduisant par l'exploration du territoire chez les espèces libres. Ces déplacements fourniront en général à l'animal des opportunités d'interaction avec son environnement. Chez les espèces captives, la limitation de l'espace imparti ne permet pas de donner libre cours à cette «pulsion voyageuse» et c'est plutôt dans des activités peu finalisées (grattements, étirements, parcours répétitif) que ce besoin trouvera à s'exprimer. Parmi les différentes structures nerveuses envisagées, les neurones du noyau accumbens semblent plus particulièrement réagir au confinement.

Lorsque l'animal est vigilant, actif, il peut également se montrer sensible à la nouveauté, ce qui montre le caractère facultatif du besoin d'activité. Un autre besoin s'impose comme le motif fondamental de la curiosité, le besoin de s'enquérir. La quête d'informations sur le milieu peut être envisagée comme une activité essentielle qui aurait pour fonction d'étendre le pouvoir d'anticipation et la capacité à faire face à un grand nombre de situations. La découverte d'informations nouvelles est facilitée par l'organisation du comportement qui présente spontanément une variabilité importante. Lorsque le comportement n'est pas dicté par la pression qu'exercent les besoins liés à la survie, ce ne sont pas les actions routinières qui l'emportent mais bien la diversité des initiatives qui, seule, permet la découverte d'aspects jusque-là insoupçonnés du milieu.

Cette relation dynamique entre l'animal et son environnement prend diverses colorations émotionnelles : la peur et l'attirance lorsqu'un objet nouveau ou une situation inconnue sont rencontrés, la frustration lorsque le résultat d'une action n'est pas celui escompté, l'impatience lorsqu'un évènement attendu tarde à venir. L'existence d'une expérience de satisfaction lorsqu'un but est atteint ou une prédiction confirmée est plus difficile à affirmer car elle ne se manifeste pas clairement au plan du comportement animal. Chez certaines espèces toutefois, l'animal réagit à la nouveauté par une hausse de son niveau d'éveil qui se traduit par de l'excitation motrice et des manifestations que l'on peut qualifier de ludiques. Ainsi, les porcelets qui, après avoir découvert l'objet inconnu, se bousculent et se poursuivent en grognant. Ainsi, probablement, le rat qui s'empresse de revenir presser le levier après avoir consommé les granulés et la gerbille qui soulève de son museau les couvercles des boîtes de Petri pour y découvrir la graine escomptée. Cette excitation qui, parfois, accompagne ou fait suite à l'effort de maîtrise de la situation nouvelle a reçu peu d'attention jusqu'à présent. On pourrait pourtant, à titre d'hypothèse, l'envisager comme la marque la plus probante d'une réelle néophilie. Avec un peu plus d'audace encore, on pourrait aller jusqu'à suggérer qu'elle se manifeste lorsque l'animal se découvre à même de maîtriser l'obtention d'un résultat ou de prédire sa survenue et qu'elle se traduit par l'émergence d'un plaisir mêlé d'agitation motrice qui s'accroît à mesure que les nouveaux essais viennent confirmer la justesse de sa prédiction. Ce plaisir, issu d'une rencontre brève entre attentes et perception, constituerait alors le bénéfice immédiat que tire de l'exploration l'animal néophile. Les neurones de l'hypothalamus latéral pourraient en constituer le support physiologique. La forme de satisfaction la plus probable chez l'animal consisterait en une soudaine retombée du niveau d'excitation motrice qui culmine juste avant l'atteinte du but sous l'effet de l'action dynamisante des neurones de l'hypothalamus latéral. J.D. Vincent (1986) résume de manière très claire cette hypothèse que l'on doit à J. Panksepp lorsqu'il écrit : « *Et le plaisir dans tout ça ? Si l'on admet qu'il coïncide avec l'activation de l'hypothalamus latéral, on peut établir qu'il naît au moment de la rencontre du désir avec son objet et anticipe donc sur la réduction de tension* » (p. 214).

Chapitre 3
La capture du monde

1. LE CERVEAU À L'ÉCOLE DU MONDE

Le monde qui nous entoure comprend des éléments de deux natures : les choses connues et les autres. Parmi les choses de vous connues, vous découvrirez un jour que certaines sont fausses. Elles seront abandonnées ou remaniées. Vous continuerez dans le même temps à porter crédit à beaucoup d'autres choses également fausses et peut être ne vous apercevrez-vous jamais de votre méprise. Parmi les choses inconnues, vous en découvrirez certaines qui, de ce fait, passeront immédiatement dans la catégorie des choses connues. D'autres, au contraire, vous resterez à jamais insoupçonnées. Celles-là constituent assurément l'immense majorité. Dans l'absolu, les choses que nous savons représentent une fraction négligeable du réel. Notre ouverture sur le monde est restreinte. La frange de réalité que nous percevons est limitée non seulement par nos systèmes de perception sensorielle, mais encore par le cerveau qui ne traite qu'une petite partie des informations qui lui parviennent, celles qui sont porteuses de sens pour l'individu. Cette sélection s'effectue à un niveau préconscient sous l'effet de filtres attentionnels qui résultent de l'accumulation d'expériences au cours de la vie, mais aussi d'une longue histoire biologique. Nous, membres de l'espèce humaine, héritons d'un cerveau qui s'est perfectionné durant des millions d'années au banc d'essai d'espèces les plus diverses. Ne l'oublions pas : les prototypes de ce cerveau dont nous sommes si fiers ont été testés par des animaux qui n'étaient sans doute pas très différents de la grenouille ou de la musaraigne actuelles. Nos capacités mentales sont étonnantes, certes, mais nous en sommes redevables à toutes ces espèces qui nous ont précédées, ancêtres connus, supposés ou ignorés qui jalonnent la longue route de notre évolution.

Dans les dernières étapes de ce long chemin, la structure du cerveau est devenue plus sophistiquée et moins figée. Les scientifiques parlent de *plasticité cérébrale* pour désigner cette souplesse d'organisation des réseaux nerveux qui apparaît lorsque le cerveau devient plus complexe.

Cette plasticité cérébrale correspond aussi à une plus grande réceptivité du cerveau aux influences du milieu. Le monde va pouvoir imprimer sa marque dans l'organisation même du tissu nerveux. Chez les espèces qui présentent la complexité nerveuse la plus importante, l'existence débute par une phase d'apprentissage plus ou moins longue au cours de laquelle le jeune se met à l'école de la vie. Les exercices sont variés mais l'animal ne connaît qu'un seul maître : le monde. De manière à tirer le meilleur parti des leçons, il s'agit de mémoriser tout acte, toute situation qui a donné lieu à des conséquences importantes, favorables ou défavorables. C'est ainsi que le cerveau apprend à lire le monde. Cette possibilité de découvrir, d'apprendre, en un mot de connaître, n'est pas également répartie parmi les animaux. Elle dépend en grande partie de la complexité d'organisation de leur cerveau. Les éléments comparatifs qui seront abordés au cours de ce troisième et dernier chapitre consacré à l'expression de la curiosité chez l'animal apportent un éclairage cognitif qui complète les points de vue écologique et motivationnel qui ont été privilégiés dans les deux sections précédentes.

2. LE PARTAGE DE LA CURIOSITÉ : POISSONS ET OISEAUX

Une manière simple de tester la curiosité de l'animal et son intérêt pour le monde qui l'entoure consiste à introduire quelques changements dans son environnement familier. En utilisant une même situation pour différentes espèces, on peut alors comparer leurs performances et en tirer des conclusions sur la curiosité dont fait spontanément preuve une espèce donnée. Ce principe a été appliqué à un large éventail d'espèces dans deux études déjà anciennes. Dans la mesure où la méthode utilisée et les groupes d'animaux testés diffèrent entre les deux études, elles seront présentées séparément. La confrontation de ces deux études permet de poser les prémisses de ce qui pourrait constituer une vaste histoire naturelle de la curiosité.

Commençons l'esquisse de cette fresque avec deux larges groupes, les poissons et les oiseaux. Il s'agit d'une étude réalisée par Wünschmann (1963). Le principe général de l'épreuve est le suivant : l'animal est dans un premier temps familiarisé avec des motifs géométriques qui sont présentés à la périphérie de son aquarium ou de son enclos. Une fois que l'animal s'est habitué à cette étrange tapisserie, certains des motifs sont modifiés. L'observation du comportement de l'animal permet d'évaluer sa réaction à la nouveauté : est-il effrayé, attiré ou indifférent aux changements ? Une description sommaire du comportement de l'animal accompagnée d'indices quantitatifs d'intérêt pour le changement permet d'effectuer des comparaisons entre espèces différentes et entre animaux d'une même espèce. L'auteur précise qu'il a pris la précaution de tester les animaux à un moment de la journée où ils sont naturellement actifs.

Trois espèces de poissons d'eau douce sont prises en compte : douze poissons rouges (*Carassius gibelio*), cinq carpes (*Cyprinus carpio*) et une tanche (*Tinca vulgaris*). Les animaux proviennent du bassin d'un jardin botanique (poissons rouges) et d'une pisciculture (carpes et tanche). Les poissons sont testés individuellement dans un aquarium cylindrique placé au centre d'une enceinte également cylindrique en émail blanc. Le pourtour intérieur de cette enceinte est divisé en 10 compartiments par des cloisons de celluloïd blanc. Vingt motifs géométriques sont présentés au poisson à raison de deux motifs juxtaposés dans chaque compartiment (voir figure 3.1).

Au cours d'une première phase dite d'habituation, les animaux sont exposés pendant trente minutes à vingt motifs identiques (trois lignes horizontales superposées, voir figure 3.1). Dans un deuxième temps, quatre motifs sont remplacés par une figure nouvelle (soit 20 % de motifs nouveaux) et l'auteur examine quelle proportion du temps d'observation est consacrée aux modifications introduites. Dans la mesure où les poissons sont placés dans un couloir circulaire, leurs déplacements

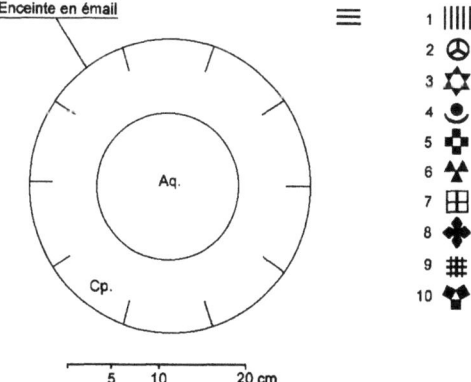

Figure 3.1 — Dispositif utilisé avec les poissons. Aq. = aquarium cylindrique, Cp. = compartiments où sont placés les motifs, ceux-ci figurent sur la droite, le motif isolé est celui utilisé dans la phase d'habituation, les 10 autres sont les motifs nouveaux utilisés lors des essais successifs (d'après Wünschmann, 1963).

prennent la forme de rondes au cours desquelles ils sont amenés à passer devant chacun des motifs. L'absence de sensibilité à la nouveauté se traduira donc par un pourcentage de 20 % du temps d'observation consacré aux nouveaux motifs (en d'autres mots, le temps consacré à chacun des 20 motifs est globalement le même, que ceux-ci soient nouveaux ou pas), tandis qu'une réaction d'intérêt se traduirait par des pourcentages supérieurs qui témoignent de l'existence de pauses devant les motifs nouveaux.

Les écarts sont peu marqués de manière générale. Les poissons rouges passent en moyenne 26,8 % de leur temps total d'observation à examiner les nouveaux motifs, ce chiffre est calculé sur un total de 120 essais et, d'un point de vue statistique, cette différence est suffisamment marquée pour que l'on puisse considérer qu'il existe quelque chose comme un intérêt pour la nouveauté chez cette espèce. Pour l'échantillon de carpes et la tanche, les différences observées sont moins marquées et se situent autour de 23 % du temps d'observation total. Dans la mesure où peu d'animaux sont pris en compte, on ne peut pas affirmer ici que ce pourcentage soit, de manière significative, supérieur à la proportion 20 % qui caractérise l'indifférence à la nouveauté. On peut noter toutefois que des écarts parfois importants sont observés entre animaux d'une même espèce, deux poissons rouges et une carpe passent plus de 30 % de leur temps d'observation à examiner les nouveaux motifs tandis que l'une des carpes n'y consacre que 15,8 % du temps. Les conclusions avancées sont donc applicables au cas général, mais il y a apparemment des poissons d'exception. Le comportement des animaux face à la nouveauté est intéressant à mentionner. Wünschmann rapporte que lors de la deuxième phase, lorsque le poisson passe devant un motif nouveau, il stoppe sa ronde, revient en arrière et se place à proximité du motif voisin, familier. Cette réaction comportementale montre que les poissons détectent les modifications de leur environnement visuel même s'il est vrai que, d'un point de vue quantitatif, cela se traduit par des changements peu marqués.

Considérons le groupe des oiseaux à présent. La réaction à la nouveauté sera cette fois bien plus marquée. Trois espèces ont été testées : 4 cailles (*Coturnix coturnix*), 6 poulets (*Gallus domesticus*) et 3 corbeaux choucas (*Colœus monedula*). Les cailles et les poulets sont testés dans un dispositif très similaire à celui des poissons, il s'agit d'une cage ronde divisée en douze compartiments. Les animaux sont d'abord confrontés pendant 30 minutes à 24 motifs tous identiques (les trois lignes horizontales), puis un dessin nouveau remplace 4 des motifs maintenant familiers (la proportion est donc de 16,67 % motifs nouveaux, 4 motifs sur 24). Les cailles consacrent en moyenne 41,9 % de leur temps d'observation à l'observation des nouveaux motifs, les poulets 50,8 %. Cet écart entre les deux espèces peut être lié à l'âge des animaux, les cailles sont adultes alors que les poulets ne sont âgés que de douze semaines. Des différences dans les conduites exploratoires peuvent aussi être signalées : en général, les cailles observent les motifs à distance tandis que les poulets piquent les motifs du bec beaucoup plus souvent, principalement les motifs de grande taille d'ailleurs. L'intérêt pour les motifs nouveaux décroît rapidement chez les deux espèces.

La méthode appliquée aux poissons, aux cailles et aux poulets s'est avérée inappropriée pour les choucas : le matériel était rapidement et systématiquement mis en pièces dès la phase d'habituation. L'auteur a donc eu recours à un matériel plus résistant composé de palets en bois de formes différentes (triangle, carré ou cercle) sur lesquels les motifs sont collés. Cinq palets sont présentés pendant dix minutes pour que les animaux se familiarisent avec le motif qu'ils comportent (à nouveau les trois lignes). Un palet comportant un motif nouveau remplace ensuite l'un des cinq palets à motif familier (20 % de nouveauté). Dans ces conditions, les choucas passent en moyenne 48,8 % de leur temps de manipulation avec le motif nouveau. Leur première réaction est le plus souvent dirigée vers l'objet nouveau. Des conduites élaborées sont observées qui varient d'un animal à l'autre : le plus jeune des corbeaux est le plus joueur, il utilise souvent ses pattes pour tenir le palet et le retourner à moins qu'il ne le promène dans la cage tenue dans le bec. Un autre choucas a développé une technique qui lui permet d'arracher, malgré toutes les précautions de Wünschmann, le papier où figure le motif. Il soulève du bec un des coins du papier tandis qu'avec la patte, il repousse le palet, ce comportement connaît parfois des variantes où le palet est trempé dans l'abreuvoir pour faciliter l'arrachage du motif. Les débris de papier sont souvent cachés sous la mangeoire.

Bien que le choix d'animaux pris en compte dans l'étude de Wünschmann soit loin d'être représentatif des deux groupes étudiés, on peut quand même dégager quelques grandes lignes de ces comparaisons entre espèces. Des poissons aux oiseaux, un changement qualitatif s'opère : des modifications simplement remarquées chez les poissons, on passe chez les volatiles à une exploration véritable où l'animal s'approche de l'objet nouveau, le touche, le manipule et teste au cours de manifestations ludiques les caractéristiques physiques de la forme inconnue. Le changement principal au sein des trois espèces d'oiseaux prises en compte ne tient pas tant à leur réceptivité à la nouveauté qu'à la forme des interactions mises en œuvre : regards chez la caille, picorage chez le poulet, jeu destructeur chez le choucas. Cette variété des conduites d'exploration reflète les comportements habituels de l'animal, à finalité alimentaire en particulier (picorage de grains chez la caille et le poulet, charognage chez le choucas), mais elle témoigne aussi d'un rapport différent au milieu. Chez la caille, l'observation des changements permet d'actualiser la représentation globale de l'espace où elle évolue, ce que l'on désigne habituellement du nom de *carte cognitive* (*cognitive map*). Cela suffit à son niveau. Le choucas, au contraire, fait preuve d'une relation beaucoup plus dynamique à son environnement. L'introduction d'objets nouveaux devient prétexte à l'exercice de différents comportements qui s'expriment sur un mode ludique et conduisent à la destruction des objets. Entre la caille et le choucas, l'écart est grand. Il se traduit principalement au niveau des compétences manipulatoires, développées chez le choucas, pauvres chez la caille, à un niveau intermédiaire entre les deux précédents chez les poulets. La possibilité de saisir avec la patte ou avec le bec confère un avantage non négligeable. Elle permet d'agir sur le monde et de le modifier.

3. LE PARTAGE DE LA CURIOSITÉ : REPTILES ET MAMMIFÈRES

Le choix d'espèces de la deuxième étude est beaucoup plus exotique puisqu'il s'agit d'un échantillon d'animaux issu d'un parc zoologique. De manière à ce que les conditions soient optimales pour les sujets testés, les auteurs de l'étude, Glickman et Sroges (1966), attendent la fermeture du zoo et le départ des visiteurs pour effectuer leurs observations. Ils choisissent également un moment où les animaux ont déjà pris leur repas : il ne faut pas que l'intérêt qu'ils manifestent envers les objets introduits dans leur cage soit d'ordre alimentaire. Les objets testés sont plutôt hétéroclites : bouts de bois, tubes de caoutchouc, morceaux de chaînes, boulette de papier. Leurs dimensions sont ajustées à la taille des animaux évalués. Les différents participants sont groupés en cinq catégories : primates (100 animaux), carnivores (45), rongeurs (30), mammifères primitifs (13) et reptiles (20). La catégorie «mammifères primitifs» regroupe différentes espèces dont le régime alimentaire, la gestation ou l'anatomie présentent des caractères archaïques. On y trouve des marsupiaux (kangourous, opossums), un pangolin, un tatou, un fourmilier, deux hérissons.

Les analyses statistiques effectuées font apparaître trois groupes : ce sont les primates et les carnivores qui s'intéressent le plus aux objets inconnus, ils sont suivis des rongeurs et des mammifères primitifs. Les

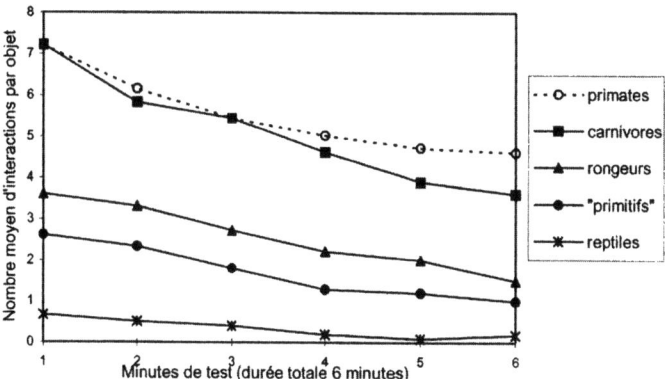

Figure 3.2 — Réactivité moyenne par objet et par minute de test pour chaque groupement d'animaux (d'après Glickman & Sroges, 1966).

reptiles arrivent en dernier et, à vrai dire, leurs interactions avec les objets (regards ou contacts) sont rarissimes (en dehors d'un crocodile qui s'est montré spécialement curieux). La figure 3.2 résume les données recueillies.

Les trois niveaux obtenus reflètent aussi trois étapes supposées dans l'évolution des vertébrés. Le groupe des mammifères se dégage progressivement du groupe des reptiles, mais les premiers mammifères sont plus proches morphologiquement des groupes « mammifères primitifs » et « rongeurs » que des carnivores et des primates, d'apparition plus récente. Cet essor de la curiosité au cours du processus évolutif est à mettre en rapport avec la complexification croissante du cerveau : les formations récentes du cerveau que sont le néostriatum chez les oiseaux et le néocortex chez les mammifères n'existent pas chez les reptiles (dont ces deux groupes dérivent). L'apparition et le développement de ces nouvelles structures nerveuses s'accompagnent d'une libération progressive vis-à-vis du déterminisme génétique. Les animaux dont le cerveau est modérément développé comme les poissons ou les reptiles réagissent de manière stéréotypée à leur environnement. Au contraire, chez les mammifères et les oiseaux, une part de plus en plus importante est laissée à l'expérience individuelle et les possibilités d'apprentissage augmentent de manière remarquable. Elles sont sous-tendues par une complexité croissante de l'analyse sensorielle et la multiplication des possibilités d'interaction avec l'environnement aussi bien social que physique. Les espèces qui évoluent dans des milieux variés, changeants ou nécessitant la prise en compte d'un grand nombre de paramètres sont aussi celles chez lesquelles on peut s'attendre à trouver le degré d'élaboration mentale le plus complexe. Ces espèces se classeront pour la plupart dans l'une ou l'autre des trois catégories suivantes, souvent dans plusieurs d'entre elles :

– espèces généralistes, adaptées à des environnements très variables en terme de disponibilité des ressources ; généralement, il va s'agir d'espèces largement répandues d'un point de vue géographique, pratiquant une alimentation opportuniste (le rat, le corbeau et l'homme en sont de bons exemples) ;

– espèces qui mettent en jeu des stratégies anti-prédateurs sophistiquées ;

– espèces vivant en groupes sociaux de structure complexe.

Dans ces trois cas, la souplesse et la complexité de l'analyse des situations constituent les meilleures garanties d'une bonne adaptation : les ressources offertes par le milieu pourront ainsi être exploitées de manière optimum, les prédateurs déjoués et les statuts hiérarchiques de chacun convenablement respectés.

4. LA COMPLEXITÉ DU MILIEU, LA STRUCTURE DU SYSTÈME NERVEUX ET LA FORME DES COMPORTEMENTS

La comparaison d'espèces différentes montre qu'il existe un lien entre la complexité de l'organisation cérébrale et l'importance de l'exploration. Posé sous cette forme, le lien est orienté de manière évidente : c'est parce que leurs cerveaux sont plus complexes que le corbeau et le singe explorent davantage. En changeant de niveau d'analyse pour considérer les différences entre les individus d'une même espèce, on peut ajouter un troisième paramètre, l'expérience, qui permet de compliquer un peu ce schéma trop simple.

Au sein d'une même espèce, les animaux présentent aussi des différences dans la quantité et la nature de leurs explorations. Certains animaux sont spontanément curieux, d'autres de leurs congénères paraissent plutôt indifférents. Ce point est clairement illustré par l'article de Wünschmann (1963) ; si les carpes restent muettes, elles peuvent néanmoins se montrer curieuses, indifférentes ou craintives à l'égard des nouveautés auxquelles elles sont confrontées. Au-delà de différences d'ordre génétique qui déterminent le tempérament de l'animal, son attitude à l'égard de la nouveauté se développe aussi en fonction des expé-

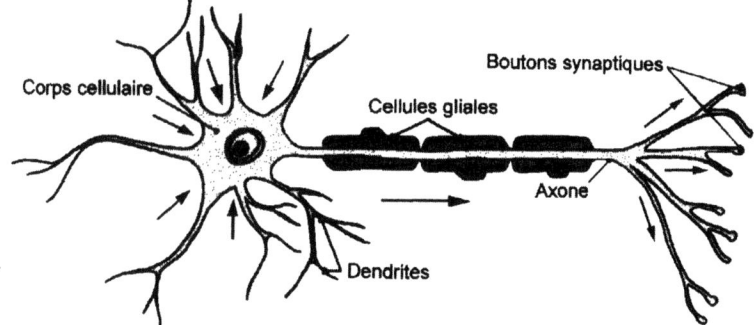

Figure 3.3 — Représentation schématique d'un neurone. Les cellules gliales (ici des cellules de Schwann) permettent d'accélérer la conduction du message nerveux. Le neurone reçoit et émet des influx électriques au niveau des synapses, zones d'articulation entre neurones qui connectent dendrites et boutons synaptiques de neurones différents. Les flèches indiquent le sens de propagation de l'influx nerveux (d'après Alberts *et al.*, 1999).

riences qui se sont présentées à lui au cours de son existence. Au laboratoire, on peut aisément contrôler le niveau d'expérience de l'animal, il suffit de restreindre plus ou moins les opportunités de découverte qu'offre le milieu d'élevage. Un animal nourri et logé dans une cage absolument vide n'aura évidemment pas la possibilité de découvrir grand chose et semblera bien naïf comparé à son congénère vivant en liberté.

Les recherches présentées dans ce paragraphe recourent à cette méthode et utilisent le rat comme espèce de référence. Trois milieux différents sont pris en compte. Le milieu carencé en stimulations consiste en une petite cage opaque sur trois des faces latérales. L'animal y vit seul, il y dispose de nourriture et de boisson à volonté. Dans la condition «milieu ordinaire», trois animaux sont élevés dans une cage de même taille que la précédente, seule la paroi latérale du fond est opaque. Là encore, les animaux disposent de boisson et d'aliment à volonté. Cette condition est en fait la condition standard d'élevage des rats de laboratoire. Enfin, dans la condition «milieu enrichi», les animaux bénéficient d'une cage beaucoup plus grande, où ils vivent par groupes de dix à douze. Des objets divers sont présents dans la cage que les animaux peuvent pousser, ronger, escalader, etc. Ces objets sont renouvelés régulièrement. D'autres sources de stimulations, sonores et lumineuses en particulier, sont éventuellement adjointes à la condition milieu enrichi.

Les premiers travaux dont je parlerai sont ceux effectués par M.R. Rosenzweig et ses collaborateurs sur les modifications cérébrales induites par la diversité des interactions autorisées par le milieu. Dans les années 60, cette équipe a remarqué que si l'on plaçait pendant plusieurs semaines des rats juste sevrés dans un environnement carencé, ordinaire ou enrichi, il en résultait des différences anatomiques mesurables au niveau du cerveau : les animaux élevés en milieu enrichi présentent un cortex légèrement plus dense que celui de leurs congénères élevés dans les conditions ordinaire ou carencée. Les autres structures du cerveau ne paraissent pas affectées par les conditions d'élevage. Les recherches ultérieures ont permis de préciser ces premiers résultats et de descendre toujours plus en profondeur dans l'intimité de l'organisation corticale. On a ainsi pu montrer que le milieu d'élevage affectait principalement *l'arborisation dendritique* des neurones (voir figure 3.3).

Les dendrites sont des prolongements du neurone qui lui permettent de recueillir des messages nerveux en provenance d'autres neurones parfois éloignés. Dans la condition milieu enrichi, les dendrites sont davantage ramifiées que dans les deux autres conditions. C'est cet accroissement des ramifications dendritiques qui explique la plus grande densité du cortex observée initialement : les dendrites représentent en effet jusqu'à 95 % de la masse du neurone. Cette prolifération des ramifications dendritiques ne se traduit pas par un élargissement de leur champ d'extension mais par une plus grande densité d'occupation de leur espace habituel. En conséquence, les échanges d'information avec les neurones proches sont facilités et augmentés. Les contacts synaptiques, c'est-à-dire les connexions entre neurones, sont également plus volumineux et plus nombreux dans le cerveau des rats élevés en milieu enrichi (jusque 20 % plus nombreux que chez les rats élevés en milieu carencé). Enfin, la taille des corps cellulaires des neurones, leur métabolisme et leur vitesse de conduction des messages nerveux sont également accrus. En résumé, les cellules nerveuses des rats ayant bénéficié d'un milieu enrichi présentent davantage de vigueur. Plus grosses, plus touffues, elles sont également impliquées dans des réseaux nerveux plus complexes, ce qui signifie vraisemblablement que l'information traitée par ces cellules est aussi plus riche. Cette complexité accrue des réseaux nerveux, cette plus grande précision des représentations du milieu, se traduit au niveau du comportement par des manières différentes d'explorer.

L'influence des conditions d'élevage sur l'exploration a été étudiée de manière détaillée par M.J. Renner (1987, 1990, Renner & Rosenzweig, 1986) lors de la préparation de sa thèse effectuée dans l'équipe de Rosenzweig. Renner analyse avec beaucoup d'acuité les défauts des épreuves classiquement utilisées pour étudier l'exploration chez le rat. Il remarque, par exemple, que l'absence de cachettes et la présence d'un observateur pendant tout le temps de la performance rend l'analyse des résultats obtenus équivoque. L'activité locomotrice observée reflète-t-elle la vigueur de l'exploration du rat ou au contraire l'importance du stress qu'il éprouve à se trouver ainsi exposé à découvert en présence d'un prédateur humain ? De manière à réduire autant que possible les facteurs parasites qui compliqueraient l'interprétation des données, Renner a recours à un enregistrement vidéo des déplacements du rat. La pièce où se déroule l'observation est silencieuse et très faiblement éclairée. De plus, les rats ont la possibilité de se réfugier dans une boîte qui leur est familière et dans laquelle ils ont été amenés sur les lieux de l'expérience. Le terrain à explorer a la forme d'un demi-cercle, différents objets sont dispersés sur le sol et fournissent d'autres possibilités de cachette. Ces objets sont divisés en objets manipulables, suffisamment légers pour être déplacés par les rats, et en objets non manipulables, plus volumineux.

Dans une première recherche (Renner & Rosenzweig, 1986), des rats juste sevrés sont élevés pendant un mois dans un milieu carencé, ordinaire ou enrichi. Les animaux sont ensuite introduits pour la première fois dans l'hémicycle. Il s'agit seulement d'un parcours de découverte destiné à familiariser les animaux avec l'endroit. Le deuxième jour, les animaux sont à nouveau amenés dans l'enceinte, leur comportement est filmé pendant dix minutes puis analysé image par image. Les conditions d'élevage n'ont pas d'effet observable sur la propension à explorer. Elle est similaire dans les trois groupes. En revanche, des différences d'ordre qualitatif sont identifiables dans la manière d'interagir avec les objets : les jeunes rats élevés en milieu enrichi touchent, poussent, grimpent et font preuve d'une plus grande variété de comportements à l'égard des objets manipulables que les deux autres groupes. Pour les objets volumineux, les performances des rats milieu enrichi et milieu ordinaire sont par contre comparables. Ces résultats indiqueraient, selon Renner, que les rats élevés en milieu enrichi sont plus à même que les deux autres groupes d'exploiter la variété d'interactions que permettent les objets manipulables.

Le même auteur (Renner, 1987) a repris le même principe d'épreuve, mais avec des rats adultes (âgés de 90 jours en moyenne). Il est important de noter que tous les animaux enrôlés pour cette expérience ont initialement bénéficié de conditions de vie identiques et ordinaires. Vers leur soixantième jour, les rats sont placés dans un nouveau milieu de vie. Il s'agit soit d'un milieu enrichi en stimulations soit, au contraire, d'un milieu carencé en stimulations. Après 30 jours au sein de ce nouveau milieu, les deux groupes sont testés. Cette fois, contrairement à ce qui était observé avec les rats juvéniles, des différences quantitatives sont observées : les rats ayant bénéficié du milieu enrichi entrent plus souvent en interaction avec les objets disponibles, quelle que soit leur catégorie. Ces interactions sont aussi plus longues et plus variées. Des différences dans la manière d'interagir avec les objets sont aussi repérables : les rats du milieu enrichi sont davantage enclins à utiliser leurs pattes dans l'exploration des objets et il leur arrive plus souvent de grimper sur les objets volumineux.

En résumé, on peut dire que la diversité des interactions offertes par le milieu influence le mode d'exploration des objets. Cet effet se vérifie quel que soit l'âge, ce qui montre la possibilité de modifications tardives des conduites exploratoires sous l'effet d'une stimulation plus intense des structures corticales. Le milieu enrichi fournit à l'animal l'occasion d'élargir considérablement la base d'expériences qui lui permet de s'ajuster à son environnement : il développe sa coordination motrice, son sens de l'équilibre, ses possibilités de préhension avec les dents ou les pattes avant. Son registre sensoriel s'élargit également : il se familiarise avec davantage d'odeurs, de sons, de matières, etc. Action et sensation n'ont pas besoin ici d'être différenciées, elles constituent les deux facettes de cette entité plus large qu'est l'interaction. L'animal perçoit et agit, cette action modifie les données perçues qui modifient à leur tour le cours de l'action. Vouloir distinguer d'un côté un pôle plutôt passif de réception de l'information et de l'autre un pôle actif qui modifie le réel n'est pas justifiable. Percevoir est déjà en soi un acte. Certains aspects de l'environnement sensoriel sont sélectionnés au détriment d'autres qui seront ignorés. Cette sélection est guidée, au moins chez les animaux où des capacités de représentation mentale sont supposées (mammifères et oiseaux en particulier), par les attentes et les projets d'action de l'animal.

5. CONSTRUIRE UNE GRILLE D'INTERPRÉTATION DU MONDE

Un point intriguant dans les résultats obtenus par Renner concerne l'absence de différences quantitatives dans les conduites exploratoires des jeunes rats en fonction de leur milieu d'élevage alors que, chez les rats adultes, on observe bien un plus grand dynamisme des animaux ayant séjourné dans un milieu enrichi. Il paraît assez probable en fait que la propension à l'exploration soit biologiquement préparée chez beaucoup de jeunes animaux : la multiplication des opportunités d'interaction

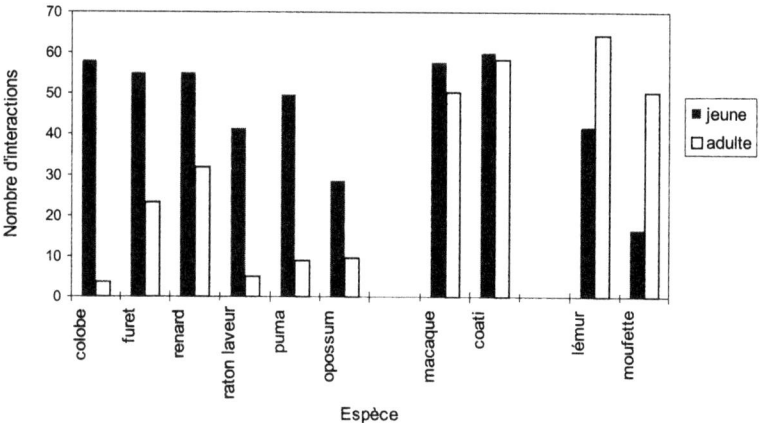

Figure 3.4 — Nombre d'interactions avec l'objet nouveau en fonction de l'espèce et de l'âge de l'animal (d'après Glickman & Sroges, 1966).

est essentielle pendant la période de développement du cerveau. Elle lui permet de se constituer une cartographie du réel qui favorise les chances de survie. Dans le premier chapitre, un exemple comparable a été évoqué avec le grand corbeau : les observations de Heinrich montrent que les corbeaux juvéniles sont spontanément attirés vers tout objet nouveau et multiplient les interactions avec celui-ci. Cette curiosité hypertrophiée régresse spontanément vers l'âge d'un an, ce qui suggère l'existence d'une période de réceptivité à la nouveauté biologiquement préparée qui disparaîtrait lorsque l'animal arrive à maturité. A ce niveau, on peut revenir sur l'étude comparative de Glickman et Sroges (1966) car elle fournit une interprétation alternative à cette régression supposée de la propension à l'exploration. Outre la détermination des groupes d'animaux les plus curieux, ces deux auteurs se sont aussi penchés sur les différences qui peuvent séparer les animaux juvéniles des adultes de la même espèce. De manière générale, il semblerait que les activités exploratoires aient tendance à régresser chez les adultes, ce qui confirme ce qui a été dit précédemment. Il ne s'agit toutefois que d'une tendance générale et les exceptions sont nombreuses, comme le montre la figure 3.4. Parmi les trois catégories prises en compte (rongeurs et reptiles n'ont pas été inclus dans cette comparaison jeunes/adultes), on trouve des exemples qui confirment l'existence d'une tendance générale à la régression des conduites exploratoires chez l'adulte : ainsi, le colobe (primate), l'opossum (mammifère primitif), le furet, le renard, le raton laveur et le puma (carnivores). Mais chez d'autres espèces, la quantité d'interactions varie peu en fonction de l'âge (macaque et coati), ou alors augmente chez l'adulte comparé au jeune (lémur, moufette).

Glickman et Sroges remarquent aussi qu'un changement qualitatif des stratégies exploratoires s'opère avec la maturation : les investigations par contact direct se raréfient chez l'adulte tandis que les inspections visuelles se multiplient. Tout se passe en fait comme si, avec l'accumulation d'expériences, de savoirs et de savoir-faire chez l'adulte, la manipulation des objets insolites devenait moins essentielle, l'examen visuel s'y substituant. La base d'expériences constituée par l'animal adulte au cours de son existence fournirait en fait suffisamment d'éléments de comparaison pour faciliter l'assimilation de la nouveauté. Cette deuxième hypothèse aboutit également à supposer un déclin de la curiosité à mesure que l'animal vieillit, de moins en moins de choses étant en mesure de le surprendre. Un rapprochement avec le développement de l'homme, de la naissance à la mort, est évidemment tentant à ce niveau. Comment ne pas songer à ces vieillards pontifiants qui ne savent plus conjuguer le verbe vivre qu'au passé ? La masse des souvenirs accumulés semble constituer un pôle d'attraction qui les tire irrésistiblement vers le passé. L'accès à la nouveauté semble pour toujours s'être perdu chez ceux-là. Ce sont là les symptômes de ce travers de l'esprit ironiquement décrit par William James sous le nom d'«old fogyism», ce que l'on pourrait traduire librement en français par le terme «encroûtement».

Selon James, pour voir les objets nouveaux tels qu'ils sont, il faut non seulement que nous choisissions les concepts appropriés en mémoire, mais aussi que nous fassions subir à ces concepts les modifications qui conviennent pour les adapter à des objets pour lesquels ils n'ont pas été conçus. L'«old fogy» est un homme qui a perdu l'empire sur ses concepts : il ne sait plus les assouplir et les adapter, il ne comprend le nouveau qu'en le ramenant à l'ancien, c'est-à-dire en le niant. James anticipe ici de plusieurs décennies sur la dialectique assimilation-accommodation chère à J. Piaget. Rappelons seulement que, pour Piaget, le développement des représentations chez l'enfant se fonde sur l'intégration du réel à des catégories déjà connues (assimilation). Dans le temps même de ce processus, l'accumulation de multiples exceptions ou cas particuliers conduit au constat de l'insuffisance des catégories possédées et à leur reformulation (c'est cette fois le processus d'accommodation) dans un effort toujours renouvelé pour s'ajuster au monde.

Les résultats obtenus par Renner avec les rats adultes peuvent être interprétés en suivant la même logique. Le raisonnement qui suit est emprunté à I.R. Inglis (1986), un des rares auteurs à défendre l'hypothèse d'une quête active d'informations sur son environnement chez l'animal. Ce sont ses théories qui ont inspiré les travaux de Forkman décrits au chapitre précédent. Le modèle développé par Inglis articule complexité du milieu, richesse des représentations et capacité d'assimilation de la nouveauté. Il fait appel notamment à l'idée de «perceptualization rate» proposée par Mc Reynolds (1962) pour rendre compte de la néophobie. Une traduction possible pour cette notion serait celle d'«efficacité du traitement de la signification». Selon Mc Reynolds, cette efficacité est liée à la richesse de l'expérience acquise et donc des représentations. La nouveauté, en créant une faille dans la grille de lecture du monde, génère de l'anxiété car le monde s'avère à ce moment imprévisible. Trop de nouveauté conduit inévitablement à la peur et à la fuite. L'approche n'est possible que lorsque la nouveauté est relative, c'est-à-dire assimilable au sein des représentations déjà possédées.

De manière à illustrer clairement la logique qui sous-tend le modèle de Inglis, considérons, pour commencer, un milieu carencé. Les stimulations sont monotones, les possibilités d'action sont faibles, les limites de l'environnement seront rapidement rencontrées. Dans ces conditions, l'animal développe peu de catégories d'événements et d'interactions mais leur accorde une grande confiance. Ses capacités d'anticipation sont rarement prises en défaut puisqu'un milieu pauvre présente aussi la propriété d'être peu surprenant; les situations qu'on y rencontre sont régulières et prévisibles. La confrontation à la nouveauté sera dans ce cas source d'un stress important, aboutissant en général à la fuite. L'habitude venant, l'objet perdra progressivement son caractère effrayant et intégrera l'univers des choses connues (l'exemple de Greenberg et des pinsons au chapitre 1 constitue une très bonne illustration de ce processus).

Le milieu enrichi, au contraire, fournit des opportunités d'interactions beaucoup plus nombreuses. Des stimulations très différentes sont rencontrées et un large éventail d'habiletés motrices est mis en œuvre. Dans ces conditions, le rat mémorise une grande variété d'expériences, mais aucune ne lui permet d'orienter son comportement avec certitude car aucune situation ne ressemble exactement à une autre au sein d'un milieu complexe. Lorsqu'une situation inconnue est rencontrée, elle est jaugée à l'aune des circonstances proches déjà expérimentées dans le passé. La crainte ressentie est modérée car la nouveauté est relative. L'exploration, qu'elle soit visuelle ou tactile, permet d'examiner en quoi cette situation inédite à laquelle l'animal se trouve confronté se distingue (et se rapproche) d'autres, maintenues en mémoire. L'exploration terminée, des remaniements sont éventuellement apportés au système d'anticipation.

Le monde recèle en lui-même une complexité telle que, quelle que soit la puissance du système prédictif développé par le cerveau, les anticipations restent de l'ordre du probable et non du certain. Au fil de l'évolution, le réel pénètre de manière de plus en plus intime la structure du système nerveux. De cet accouplement entre le corps et le monde naît la représentation, reflet qui courtise la réalité, cherche à s'en approcher jusqu'au frôlement sans jamais l'atteindre toutefois.

6. LES DURES LEÇONS DE L'EXPÉRIENCE

Lorsqu'une situation nouvelle offre l'opportunité d'un bénéfice ou, au contraire, risque d'exposer à divers désagréments, l'animal recourt successivement à différentes stratégies qui ont été efficaces par le passé dans des circonstances voisines. En général, l'une ou l'autre des stratégies essayées permet d'atteindre l'objectif souhaité. Il arrive toutefois que la solution du problème soit hors de portée de l'animal ou, plus radicalement encore, qu'il n'existe pas de solution. Ce cas particulier a été largement étudié depuis les années 70 sous l'impulsion des travaux de M. Seligman et de son équipe. En 1968, Seligman et Maier, reprenant les anciennes expériences de Pavlov sur les «névroses expérimentales» de l'animal de laboratoire, mettaient au point un principe d'expérience qui allait souvent être repris par la suite. A la première séance, des chiens immobilisés dans un harnais reçoivent des décharges électriques au niveau des pattes. Dans le premier groupe, que l'on pourrait appeler *groupe maîtrise*, les animaux peuvent faire cesser les chocs électriques en pressant de la tête les panneaux placés latéralement. Dans le second groupe, par contre, aucune action de l'animal ne permet de faire cesser la stimulation douloureuse, les chocs électriques cessent d'eux-mêmes après un certain temps (*groupe impuissance*).

Vingt-quatre heures après cette première séance, pour le moins traumatisante, les chiens des deux groupes sont soumis à un nouveau dispositif. Deux compartiments sont séparés par une petite barrière facile à franchir, le sol de chacun de ces compartiments peut être électrifié de manière indépendante et une brève extinction de la lumière prévient chaque fois l'animal de la survenue imminente des chocs électriques. Le passage d'un compartiment à l'autre en sautant la barrière permet d'échapper à cette expérience désagréable. Dix essais sont pratiqués puis, après une semaine, dix autres dans les mêmes conditions exactement. Les résultats obtenus sont très nets : parmi les chiens du groupe «impuissance», 75 % échouent dans l'épreuve de la grille au cours des dix premiers essais (dans l'autre groupe la plupart y parviennent), cette proportion se maintient à 62,5 % au cours des essais ultérieurs. Seligman & Maier en déduisent que ces chiens ont appris qu'ils n'avaient pas la possibilité de contrôler les chocs électriques. Ils se sont donc résignés à les subir sans réagir. A partir d'une expérience traumatique incontrôlable, des animaux développent une attitude de passivité pathologique qui s'étend à d'autres situations où ils auraient au contraire la possibilité d'exercer un contrôle. Ce phénomène est connu sous le nom de résignation ou impuissance apprise (*learned helplessness*).

Tous les chiens ne sont pas également sensibles à la résignation apprise. Certains semblent en partie immunisés, et Seligman suppose que ces animaux ont été confrontés dans le passé à des expériences traumatiques qu'ils ont surmontées par leurs propres moyens. Cette hypothèse est soutenue par des résultats expérimentaux recueillis avec des rats (Seligman, Rosellini & Kozak, 1975). Dans l'expérience réalisée, un premier groupe de rats est entraîné à échapper à des chocs électriques délivrés au niveau du sol. Ils doivent pour cela sauter sur une plate-forme surélevée. Les rats ayant suivi cet entraînement constituent le groupe avec des antécédents de maîtrise du traumatisme. La seconde partie de la recherche constitue la situation traumatique elle-même : cette fois, la plate-forme est absente et il n'y a aucun moyen d'échapper aux chocs électriques. Le premier groupe est soumis à cette situation ainsi qu'un deuxième groupe n'ayant jamais été soumis à des chocs électriques auparavant (traumatisme initial incontrôlable). Dans la dernière partie de l'expérience, les animaux doivent apprendre à éviter les chocs électriques en appuyant sur un levier. Les animaux des deux groupes précédents sont testés ainsi qu'un nouveau groupe qui sert de point de référence (*groupe contrôle*). Les résultats obtenus montrent que les rats qui ont des antécédents de maîtrise des chocs électriques apprennent à presser le levier aussi rapidement que les rats du groupe contrôle alors que les rats ayant subi un traumatisme initial incontrôlable apprennent beaucoup plus lentement. Il faut noter par ailleurs que les effets du traumatisme sont persistants mais réversibles : si l'on place l'animal « résigné » dans des conditions telles que la possibilité de contrôle est manifeste, alors les effets de la passivité acquise disparaissent. Tout se passe en fait comme si l'animal venait à douter de son pouvoir sur le réel. Après une série d'échecs dans une situation nouvelle, ici, le fait d'être soumis à une décharge électrique, les comportements spontanés sont fortement réduits, dans les situations présentant une analogie avec la situation traumatique tout au moins.

Si les premières expériences s'avèrent contrôlables, l'animal étend son pouvoir sur le réel. Il s'attend à contrôler ce type de situations. Confronté ultérieurement à un évènement proche mais non contrôlable, l'animal éprouve un stress important, mais celui-ci reste associé à un type de situation très précis : ce compartiment déjà visité auparavant mais sans plate-forme cette fois. Au contraire, pour les rats naïfs confrontés pour la première fois à une décharge électrique qu'ils ne peuvent éviter, l'électricité est identifiée comme stimulation douloureuse incontrôlable. Cette valeur est absolue dans la mesure où l'animal n'a jamais rencontré auparavant de situation similaire qui lui permettrait de relativiser cette expérience. Lors d'une seconde confrontation avec l'électricité, lorsqu'il s'agit d'appuyer sur le levier, aucune action n'est entreprise et l'animal subit passivement les décharges électriques. Grâce à l'intervention de l'expérimentateur, le rat peut cependant découvrir que, dans certains cas au moins, il peut se soustraire par son action aux décharges électriques. La découverte d'exceptions à l'association initiale entre électricité, douleur inévitable et action inutile permet de restreindre l'anticipation de l'échec à une situation spécifique, ce qui a pour effet de rétablir l'initiative comportementale dans les autres cas. On peut supposer qu'il existe généralement chez les animaux néophiles un biais dans les attentes en faveur de l'anticipation du succès et de la possibilité de maîtrise des évènements.

Le problème de l'identification des éléments contextuels associés à l'échec a parfois des répercussions d'une extension inattendue. D'autres travaux expérimentaux ont montré qu'après avoir été soumis à des chocs électriques inévitables, les rats résignés apprennent moins vite que d'autres rats le comportement permettant d'obtenir une récompense alimentaire (il s'agit d'introduire le museau dans un trou après un signal lumineux). Cet effet, moins marqué que dans les recherches comparant des situations proches, montre néanmoins que lorsque l'animal est mis en échec par le monde, c'est la base même de son aspiration à connaître et maîtriser l'environnement qui est sapée. L'initiative comportementale que traduisait l'exploration n'est plus mise en jeu, la capacité à découvrir et apprendre est ralentie. Le monde s'est montré intraitable, le dialogue est rompu. Cette passivité pathologique dans laquelle s'enfonce l'animal se traduit par des modifications du métabolisme nerveux similaires à celles que l'on rencontre chez l'homme dans la dépression. Les études sur la résignation apprise de l'animal ont d'ailleurs permis de mieux comprendre ces dépressions réactionnelles qui font suite chez l'homme à un évènement douloureusement vécu. Le rat, le chien et l'homme placés dans des situations comparables présentent des troubles comparables. Dans ces trois cas, c'est l'impulsion à découvrir et à apprendre qui est atteinte.

7. LA CAPTURE DU MONDE (SYNTHÈSE)

Tout animal, quelle que soit son espèce, vient au monde dans un univers dont les règles lui échappent. Qu'importe après tout la connaissance de ce grand Tout puisqu'il s'agit seulement au quotidien de trouver où se nourrir et s'abriter. Disposer de quelques règles simples pour répondre à une poignée de signaux élémentaires, voilà qui est suffisant à la survie. Bien sûr, cela ne laisse qu'une fenêtre étroite sur le monde et ne permet aucune souplesse dans l'adaptation, ce qui peut constituer un réel inconvénient à long terme, mais, pour un début, cette modestie convient. Dans l'ordre naturel, les structures simples précèdent de manière générale les constructions plus complexes.

Il en va ainsi pour le cerveau et son fonctionnement. Une image très sommaire du monde est d'abord recueillie, image incroyablement pauvre se limitant parfois à une odeur ou un motif visuel. Ce petit prélèvement, infime au regard de tout le reste, présente pourtant un intérêt extraordinaire : il s'agit d'une information fiable. Au sein de ce monde d'une variété immense où la régularité est l'exception, cette odeur, ce motif, indiquent avec quasi-certitude la présence d'une proie, d'un ennemi ou d'un partenaire sexuel. Il est inutile de s'attarder ici sur la signification du message, une chose est sûre, s'il a été retenu parmi tant d'autres au cours du processus évolutif, c'est qu'il présente une valeur certaine pour la survie de l'espèce et qu'il faut impérativement y répondre. Dans ces conditions, l'exploration, envisagée comme une réaction face à l'inconnu, n'a pas lieu d'être. L'équipement sensoriel de l'animal se limite au strict nécessaire, c'est-à-dire la détection de ces signaux d'importance vitale. La capture d'aspects inattendus du réel nécessite un piège d'une plus grande envergure qui soit moins sélectif et permette de retenir dans ses rets des informations très variées, certaines sans intérêt, d'autres essentielles, d'autres encore qui nécessiteraient un approfondissement. C'est dans cette dernière catégorie, caractérisée par l'ambiguïté et l'incertitude de l'interprétation, que tombent les objets de curiosité.

Remarquez encore que l'usage d'un tel filet serait une vraie perte de temps pour qui ne saurait pas profiter des opportunités qu'il ramène. Disposer de l'équipement sensoriel permettant de capturer ces aspects si divers du monde est loin d'être suffisant, encore faut-il être équipé d'un cerveau capable d'interpréter tout cela. Les capacités d'interprétation et de mémorisation ont connu un très grand développement avec l'expansion des structures récentes du cerveau, le néostriatum chez les oiseaux, le néocortex chez les mammifères. A mesure que ces structures gagnent en surface, des zones d'analyse sensorielle de moins en moins spécifiques apparaissent et s'étendent. Ces aires d'association permettent une analyse approfondie des situations perçues en combinant les informations provenant de différents registres sensoriels. Leur organisation dépend étroitement des stimulations reçues de l'environnement. Un environnement riche aboutit à un cortex plus dense, à des neurones plus vigoureux. Les recherches menées sur des rats élevés en milieu enrichi montrent que le surcroît de stimulations qu'ils reçoivent, loin de les rassasier, stimule au contraire leurs comportements d'exploration. Cette dynamique suggère l'existence d'un dialogue toujours recommencé entre l'individu et son milieu où le premier cherche à accroître son pouvoir prédictif et sa capacité à agir sur le second. Cet effort est particulièrement net chez le jeune animal et l'influence d'un déterminisme génétique est probable à ce niveau car la quantité d'exploration apparaît, chez le raton en tout cas, peu influencée par la variété du milieu. En multipliant les interactions avec le monde, que celles-ci soient suivies de succès ou d'échecs, le jeune cerveau ajuste ses stratégies d'action et délimite un champ d'expériences où il pourra développer et étendre ses compétences.

La quête de savoir à l'état de nature (synthèse de la première partie)

L'émergence de la théorie de l'évolution par sélection naturelle au dix-neuvième siècle a conduit de manière inévitable à repenser les statuts respectifs de l'homme et des animaux. Les effets de cette révolution tant scientifique que philosophique sont loin d'être achevés et on assiste actuellement à un vaste mouvement de naturalisation de la culture et de la pensée. Qu'est-ce que le propre de l'homme ? La réponse à cette question est aujourd'hui beaucoup moins claire qu'elle ne pouvait l'être il y a seulement quelques décennies.

Les études menées en laboratoire sur des animaux captifs montrent que ceux-ci possèdent des capacités de compréhension et de résolution de problèmes. Lorsque le but poursuivi ne peut pas être directement atteint, différentes stratégies sont essayées qui, par le biais de détours, vont rapprocher l'animal de son objectif. Des études de terrain ont également révélé l'existence d'innovations comportementales chez l'animal libre. Des habiletés nouvelles sont développées qui se transmettent de générations en générations par le biais de l'imitation. Des observations de ce type ont été faites sur les primates (chimpanzés pêcheurs de termites, macaques japonais laveurs de patates douces), mais également chez d'autres animaux, des oiseaux notamment (corneilles japonaises casseuses de noix, mésanges bleues décapsulant les bouteilles de lait). Comprendre la curiosité nécessite donc de faire ce long détour par l'animal pour examiner dans quelle mesure les comportements exploratoires qu'il manifeste s'apparentent à ce qui s'appelle curiosité chez l'homme. La définition très large qui a été retenue pour la curiosité est la suivante : il s'agit d'une réaction à un objet nouveau qui se traduit par une approche et un examen; ce comportement ne peut pas être expliqué par un autre motif que le besoin de s'enquérir et d'obtenir de l'information sur les aspects inédits de l'environnement.

Cette définition est applicable à de nombreux animaux qui, de ce fait, peuvent être dits curieux. Les différents exemples passés en revue ont permis de dégager plusieurs facteurs qui déterminent la possibilité de la curiosité chez l'animal. Le premier facteur est d'ordre neurologique et évolutif, il s'agit de la plasticité cérébrale (tableau S1). Les animaux qui bénéficient de l'organisation cérébrale la plus complexe sont également ceux qui présentent les possibilités d'apprentissage et de découverte les plus développées. De manière générale, les poissons et les reptiles apprennent peu, leurs comportements sont stéréotypés. La réaction de ces animaux face aux changements se traduit initialement par une réaction d'alarme puis, avec l'habituation, d'indifférence. Chez les mammifères et les oiseaux, au contraire, le début de la vie est souvent caractérisé par une phase d'immaturité au cours de laquelle le jeune animal découvre son environnement, apprend comment subvenir à ses besoins alimentaires et développe ses habiletés motrices.

Tableau S1 — La plasticité cérébrale, préalable biologique à l'apparition de la curiosité chez l'animal (vertébrés).

Plasticité cérébrale	Réaction à la nouveauté	Groupes concernés
Faible (possibilités d'apprentissage réduites, comportements stéréotypés)	Réaction d'alarme suivie d'indifférence après habituation	Poissons (Wünschmann, 1963) et Reptiles (Glickman & Sroges, 1966)
Importante (organisation cérébrale complexe, immaturité à la naissance)	- Fonction des nécessités adaptatives - Fonction de l'expérience antérieure (v. tableau S2)	Oiseaux (Wünschmann, 1963) et Mammifères (Glickman & Sroges, 1966)

Concernant la réaction à la nouveauté, il existe une gradation et les disparités peuvent être importantes, même entre deux espèces proches. Pour rendre compte de ces écarts, le concept de plasticité écologique apparaît plus pertinent que celui de plasticité cérébrale. L'équilibre entre néophilie et néophobie répond à la pression des facteurs environnementaux. La prise de risque en situation d'incertitude n'est favorable qu'aux espèces confrontées à des environnements complexes et changeants. Pour les espèces qui se cantonnent à des niches écologiques bien circonscrites et dépendent de ressources alimentaires spécifiques, la néophobie sera la règle générale. Pour les espèces pratiquant une alimentation opportuniste, telles le corbeau, le rat ou le cochon, relativement tolérantes quant à l'habitat, la néophilie pourra constituer par contre une source de bénéfices adaptatifs. Chez ces espèces néophiles, un dernier paramètre va influencer le goût pour la nouveauté, il s'agit de l'expérience antérieure.

Tableau S2 — Déterminants de la néophilie et de la néophobie.

Niche écologique	Effet de l'expérience		Réaction à la nouveauté
Très spécifique (alimentation peu variée, exigences importantes quant à l'habitat)	Faible, la phase d'apprentissage est courte, les comportements sont stables d'une génération à l'autre.		Néophobie : manifestations de frayeur suivies de fuite ou d'évitement (Greenberg, 1990).
Peu spécifique (alimentation opportuniste, adaptation à des habitats variés)	Important	Milieu monotone, prédictible, limité quant aux possibilités d'exercice et de découverte	Néophobie sauf pendant la période d'immaturité où le besoin d'exploration semble répondre à une contrainte biologique (Renner, 1986)
		Milieu riche en stimulations et en opportunités d'exercice moteur, évènements variés, difficiles à anticiper	- Néophilie : manifestations d'excitation, approche, examen sensoriel, manipulation, plaisir? (Renner, 1987) - Sensibilité à l'ennui

L'équilibre entre néophobie et néophilie est une caractéristique d'espèce déterminée par la sélection naturelle, mais l'effet de l'expérience interviendrait aussi, au cours de la vie, comme un modulateur secondaire pouvant modifier cet équilibre. Les résultats qui viennent à l'appui de cette hypothèse sont issus de recherches effectuées en laboratoire, principalement sur des rats, et on peut se demander jusqu'à quel point ce dernier paramètre est applicable à d'autres espèces. On peut se demander également quelle est l'importance de ces différences liées à l'expérience passée lorsqu'il s'agit d'animaux évoluant dans des environnements naturels, ces derniers pouvant être considérés comme de complexité comparable. On admettra toutefois que, pour les espèces vivant au voisinage de l'homme, le milieu rencontré présente une variabilité plus importante que les milieux naturels : les ressources alimentaires en particulier sont à la fois plus nombreuses et plus variables. Dans ce cas au moins, on peut s'attendre à des différences liées à l'expérience qui peuvent être constatées hors du laboratoire.

Le lien entre expérience et néophilie a principalement été étudié sur la base de comparaisons entre des animaux de même origine que l'on élève dans des milieux plus ou moins riches. Ces recherches amènent à mettre en évidence une association entre milieu complexe et tolérance à l'incertitude qui peut être justifiée de deux manières différentes.

La première, qui est aussi la plus ancienne, emprunte aux concepts de la physiologie et suppose qu'il existe pour tout organisme un optimum de stimulation auquel il est accoutumé et qu'il cherche à maintenir. Le dépassement de cet optimum serait source de stress et déclencherait la fuite de l'animal. Les niveaux de stimulation inférieurs à cet optimum seraient également aversifs car source d'ennui. Cette hypothèse conduit à supposer l'existence d'un optimum de stimulation plus élevé chez les animaux immergés dans un environnement complexe, riche en stimulations, d'où une plus grande susceptibilité à l'ennui et une plus grande tolérance aux variations du niveau d'éveil, ce qui facilite l'appréhension de la nouveauté. Au contraire, pour les animaux élevés dans un milieu carencé en stimulations, la confrontation à la nouveauté sera fortement aversive car elle génère une élévation importante du niveau d'éveil à laquelle ils ne sont pas habitués.

La seconde manière d'envisager le lien entre milieu complexe et tolérance à l'incertitude emprunte davantage au registre de la psychologie cognitive. Il s'agit cette fois de supposer que la capacité d'assimilation de la nouveauté dépend de la richesse des représentations antérieures. Au sein d'un milieu pauvre en stimulations et en opportunités d'activités, l'animal va développer un petit nombre de stratégies qui lui permettent de faire face avec certitude à toutes les situations qui se présentent à lui. Ce lien rigide entre situation et réponse comportementale ne permet pas d'aborder la nouveauté. L'animal confronté à l'inconnu manifeste une réaction de frayeur intense et s'enfuit.

Au contraire, un animal évoluant dans un milieu riche, varié, fournissant de nombreuses opportunités de stimulation et d'exercice développe un large éventail de savoir-faire applicables à des situations variées. Le lien avec le contexte est cette fois de nature plutôt probabiliste : dans telle situation, telle et telle conduites se sont avérées adaptées, mais si elles échouent toutes deux, alors d'autres pourront être essayées, et ainsi de suite jusqu'à ce que l'animal ait épuisé la variété de son répertoire comportemental. Le gain en complexité dans les relations entre situation et comportement nous fait basculer des comportements instinctifs aux conduites intelligentes, de l'association élémentaire stimulus-réponse à une action modulée en fonction de l'analyse de la situation et du résultat des actions antérieures. Cet assouplissement progressif des liens entre perception et action permet de faire face à la nouveauté de manière plus appropriée, mais il existe un revers à la médaille : la part d'incertitude introduite peut aussi constituer un handicap dans certains cas. Les faillites du système de représentation et de son pouvoir d'anticipation aboutissent à des désorganisations importantes du comportement qui se traduisent sur un mode émotionnel. Ainsi, les réactions de frustration lorsque les attentes sont déçues, la frayeur lorsqu'une situation radicalement nouvelle est rencontrée, l'inhibition de l'action lorsque le contrôle paraît impossible.

C'est à ce niveau que les deux modes d'explication du lien nouveauté-frayeur se rencontrent et peuvent être conciliés : les stimulations reçues n'ont pas de pouvoir excitant en soi. Elles tirent ce pouvoir de la valeur qui leur est attribuée par l'organisme considéré sur la base de sa grille d'interprétation du monde. L'animal se déplace au milieu d'un champ de significations, son univers est balisé de sens, principalement des repères spatiaux et des indices facilitant la découverte de nourriture, mais aussi des éléments du décor qui n'ont d'importance que par le sentiment de familiarité qu'ils procurent. La confrontation à la nouveauté déclenche automatiquement une réaction d'alerte tout comme chez les organismes moins sophistiqués au plan nerveux, à cette différence près toutefois que l'exploration constitue ici le moyen privilégié de rétablir un niveau d'éveil plus modéré en permettant l'identification ou la catégorisation de l'objet rencontré. Cette assimilation de la nouveauté est facilitée par la richesse des expériences antérieures et par l'existence de possibilités importantes d'analyse sensorielle et de manipulation.

Enfin, au-delà de cet apaisement que procure l'exploration en réduisant l'inconnu à du familier, il existerait chez les espèces néophiles, principalement celles qui ont des possibilités de manipulation importantes et peuvent facilement agir sur leur environnement, un réel attrait pour la nouveauté, se prolongeant souvent par des manifestations ludiques. L'excitation que procurent l'exploration et le jeu permet d'augmenter le niveau d'éveil et de maintenir un lien dynamique entre l'animal et son environnement familier.

SECONDE PARTIE

LA CURIOSITÉ MISE EN CULTURE

La curiosité humaine : une vieille histoire

Nous sommes en Bourgogne, il y a environ 50.000 ans. Une rivière qui ne s'appelle pas encore la Cure serpente au pied d'une falaise calcaire, trouée de multiples orifices. Certains de ces trous, plus accessibles, plus profonds, sont occupés par des néandertaliens qui les utilisent comme abris. Humanité primitive à la silhouette mal dégrossie, les muscles sont épais, la tête étroite et longue. Malgré tout, indéniablement, ils nous ressemblent. Probablement pas nos ascendants directs mais une première ébauche d'européen qui finira par disparaître, remplacée par l'expansionnisme conquérant de groupes d'hommes au physique différent, ancêtres cette fois de ceux qui, bien plus tard, se baptiseront du nom de *sapiens*.

A quoi pensaient les néandertaliens dans l'air humide du soir ? Sous la voûte basse de leur abri laissaient-ils déjà errer leur regard parmi les flammes du foyer, se laissant absorber dans des rêveries profondes ? Difficile de les imaginer, leur existence quotidienne ne se laisse deviner qu'à travers de maigres indices. Parmi ceux-ci, trouvés sur le sol de l'abri, trois petits cailloux aux formes insolites : un nodule de pyrite de fer et deux fossiles, une coquille et un madrépore (Leroi-Gourhan, 1964). Les formes inhabituelles de ces minéraux auront probablement attiré l'attention au cours d'une marche et, pour une raison à jamais obscure, simplement les montrer à d'autres peut-être, ils seront ramassés et ramenés à l'abri. On ignore bien sûr quelle signification pouvait être prêtée à ces objets naturels. Ils témoignent néanmoins des débuts modestes d'une interrogation sur le monde. On peut d'ailleurs se passer de témoin archéologique direct pour avancer que la curiosité des hominidés est antérieure aux néandertaliens et qu'elle a joué un rôle important dans le succès de notre lignée. Comment expliquer sinon cette colonisation relativement rapide de biotopes variés, l'invention de différentes techniques et l'amélioration de celles déjà maîtrisées ?

La seule espèce qui représente actuellement le genre *Homo* est en tout cas indiscutablement néophile. La seconde partie du livre lui sera entièrement consacrée. L'évolution des conduites exploratoires de l'enfant au cours de ses premières années de vie sera d'abord détaillée. Les étapes qui se succèdent au cours de ce processus de maturation progressent au rythme plus général du développement sensori-moteur et de l'acquisition du langage (chapitre 4). La socialisation des comportements constitue un autre enjeu fondamental de la petite enfance. L'expression de la curiosité y est bien entendu soumise. La théorie de l'attachement et la théorie de l'apprentissage social permettent toutes deux d'approfondir la compréhension des relations qui s'établissent entre les liens sociaux et la propension à l'exploration et au questionnement. Les résultats des recherches qui découlent de ces deux théories seront résumés (chapitre 5). Enfin, cette analyse de la curiosité humaine ne serait pas complète si les formes plus complexes de recherche d'informations chez l'adulte n'étaient évoquées. Par rapport aux investigations spontanées que mène l'enfant dans son milieu, on peut remarquer que la curiosité de l'adulte porte le plus souvent sur des objets abstraits, des données et des connaissances nouvelles qui viendront enrichir ou modifier celles qui étaient déjà possédées. Deux auteurs, D. Berlyne et G. Loewenstein, se sont particulièrement attachés à rendre compte des conditions qui facilitent l'apparition de cette quête d'informations. Leurs théories divergent sur de nombreux points, mais les envisager toutes deux permet d'avoir une vision plus globale des phénomènes en jeu. La pertinence des deux points de vue sera soulignée par le biais d'une analyse de la recherche telle qu'elle se pratique dans un contexte scientifique (chapitre 6).

Chapitre 4
Développement des modes d'interaction avec le monde

1. LA CURIOSITÉ CHEZ L'ENFANT, QUELQUES PRÉCISIONS PRÉALABLES

La curiosité des autres animaux a été définie par trois caractéristiques : un élément inducteur, la nouveauté ou au moins l'incongruité, des comportements particuliers, dits exploratoires, se concrétisant par l'approche et l'analyse sensorielle, une motivation spécifique orientée vers l'acquisition d'informations nouvelles. Cette définition très générale peut être appliquée sans changements importants aux manifestations de la curiosité chez l'enfant. A titre de comparaison, voici la définition proposée par Maw et Maw en 1961 : *« La curiosité, c'est un ensemble de comportements qui aboutissent à accroître le contact entre un organisme et son environnement et se manifestent par une réaction positive à l'égard de la nouveauté »*. On peut parler de réaction positive au plan émotionnel, l'enfant est à la fois détendu et attentif, mais aussi en termes spatiaux, la nouveauté exerce une attraction qui se traduit par un rapprochement physique. Les comportements qui correspondent se succèdent en général dans l'ordre suivant : observation à distance et approche, manipulation et examen sensoriel, recherche d'informations complémentaires par le questionnement et la recherche d'indices autour de l'objet nouveau. Ce double mouvement, approche-focalisation et éloignement-mise en relation, est typique de toute démarche de découverte, il s'agit d'abord d'analyser une fraction inconnue du monde pour ensuite la relier à d'autres choses mieux connues, justifier en particulier sa présence en cet endroit, à ce moment. L'incongruité est un des déclencheurs principaux de la curiosité par la surprise qu'elle induit, mais elle ne constitue qu'un préalable. Il faut encore qu'existe une certaine résistance de l'objet incongru, que celui-ci soit complètement inconnu, peu familier ou jamais rencontré dans ce type de circonstances. La curiosité porte en fait sur deux choses distinctes, la tentative d'appréhension de l'objet lui-même (*C'est quoi ça ?*) et la recherche de maîtrise des évènements (*Pourquoi c'est là ça ?*).

Dans le premier cas (*C'est quoi ça ?*), l'objet est inconnu ou au moins peu familier. Il s'agit d'assimiler la nouveauté en évaluant les caractéristiques de l'objet. L'observation distante renseigne visuellement sur la forme et la couleur, éventuellement auditivement sur les bruits émis par l'objet. La manipulation apporte un lot d'informations bien plus riche. L'objet en main, on peut le palper, le soupeser, apprécier son odeur et sa texture. Lorsque l'enfant possède le langage et une large expérience du monde des choses, il dispose déjà de nombreuses catégories d'objets et son problème sera surtout de classer cet objet nouveau. Où le mettre ? Faut-il le ranger avec d'autres objets auxquels il ressemble ou, au contraire, en raison de sa singularité extrême, créer une nouvelle catégorie qui lui soit réservée ? Questionner l'adulte peut apporter des éclaircissements, mais l'enfant préfère souvent établir ses propres analogies qui sont plus cohérentes avec son expérience personnelle du monde. L'expérience sensible fournit la base de ce classement. Dès avant le langage, l'enfant peut déjà former des catégories : il y a des objets volumineux dans lesquels on bute, les objets doux qui caressent le visage, des objets sonores qui apaisent ou qui excitent...

En dehors de cet intérêt pour l'identification des objets, la curiosité porte aussi sur la recherche de compréhension et de maîtrise des évènements (*Pourquoi c'est là ça ?*). Ce n'est plus l'objet lui-même qui est important mais les conditions de son apparition. C'est une tentative de compréhension du processus qui est mise en place. Il faut déterminer comment l'objet est arrivé là, qui l'y a déposé, dans quel but, etc. Ce sont des mécanismes causaux qui sont recherchés. Il s'agit d'expliquer. De façon élémentaire, ce mode de questionnement s'exprime simplement par la recherche des relations de contingence, ce dont l'animal est déjà capable : ainsi, le rat qui furète autour du levier parce qu'étant situé dans cette zone précédemment de la nourriture est apparue. Il s'agit pour lui d'acquérir la maîtrise d'un évènement intéressant, d'ajuster son comportement à une situation inédite. C'est ici la capacité d'anticipation qui est mise en jeu. De même, le petit enfant découvrant un nouveau jouet peut être surpris par une lumière clignotante qui s'est allumée quand il a frappé sur le gros bouton vert. D'abord interloqué, il répète bientôt son geste et, ravi, constate que l'effet escompté est reproduit. Avant les explications verbales, la recherche de causalité aboutit au développement de véritables compétences pragmatiques.

L'observation, la manipulation, le questionnement permettent tous trois l'identification d'objets et la maîtrise des évènements. L'observation pratiquée de manière isolée et à distance est généralement considérée comme une manifestation d'attention. Il y manque l'approche pour que l'on puisse parler de curiosité. Observer à distance permet toutefois de recueillir différents éléments qui permettent une identification sommaire de l'objet. Si cela ne suffit pas, alors il faudra approcher pour mieux se rendre compte (sauf en cas de manifestations «effrayantes», des bruits forts et modulés, des mouvements agités et imprévisibles par exemple). Observer permet aussi d'acquérir une certaine maîtrise de l'évènement. En repérant la succession régulière des étapes, les premières deviennent annonciatrices des suivantes et permettent donc l'anticipation. L'imitation est un cas particulier de ce genre : en observant quelqu'un à l'œuvre, on peut reproduire ses gestes et tenter d'aboutir au même résultat.

La manipulation peut être considérée comme la voie royale de la curiosité. Elle permet de recueillir des informations sensorielles extrêmement variées sur l'objet inconnu, mais surtout, elle permet un questionnement bien plus approfondi du réel en combinant l'action à l'analyse sensorielle. Dans ces conditions, ce ne sont pas seulement les qualités physiques de l'objet qui sont évaluées mais aussi ses fonctions possibles. Un simple carton d'emballage peut être décrit objectivement par sa forme, par sa matière, sa couleur, son volume, son poids, mais il fournit aussi différentes opportunités qui vont bien au-delà de la seule analyse sensorielle : il peut aussi servir de siège, de cabane, de bateau, on peut faire plein de choses avec. La manipulation permet d'interroger les objets sur un mode fonctionnel : *Que peut-on faire de ça ?* Elle ouvre ainsi des horizons plus larges que la simple observation, qui s'étendent aux domaines de la créativité et du jeu. Contrairement à l'observation, où l'individu reste en retrait par rapport aux choses, la manipulation permet un rapport actif au monde. Les choses sont transformées, déplacées, détruites. Ces modifications de leur état initial apportent un certain type de connaissance sur l'objet, non pas sur son apparence mais sur sa valeur d'usage, ce à quoi il pourrait servir. La manipulation associe de manière inextricable identification et recherche de maîtrise.

Le questionnement, enfin, permet d'acquérir une information de seconde main, moins personnelle, plus consensuelle. L'enfant qui questionne n'a pas besoin de s'impliquer lui-même dans la situation, comme dans l'observation. Il reste à distance de l'objet. Les informations manquantes ne seront pas personnellement découvertes mais transmises par un adulte ou par une autre source d'informations, porte-parole du monde de ceux qui savent (télévision, livre, etc.). Ces informations, de nature plutôt abstraite en général, peuvent concerner aussi bien la nature des choses que leur fonction ou leur provenance.

Observer, manipuler, questionner. Au cours du développement, chacune de ces conduites se met en place progressivement, depuis les formes comportementales les plus rudimentaires jusqu'aux plus abouties. Observer nécessite la maturation nerveuse des organes sensoriels. Manipuler requiert la maîtrise de la motricité. Il s'agira de s'approcher et de saisir. La maîtrise du langage donne évidemment la possibilité de questionner. Chacune de ces conduites a une histoire, et cette histoire reste intéressante à conter, même si elle est plus ou moins la même pour tous les enfants, car, fondamentalement, elle est l'histoire d'une rencontre, la rencontre de l'esprit et du monde.

2. LES DÉBUTS DE L'OBSERVATION

Le bébé vient au monde complètement immature, ce qui ne l'empêche pas pourtant de s'intéresser à tout ce qui se passe autour de lui. Bien sûr, son système nerveux n'est pas encore très fonctionnel et, en particulier, il lui est complètement impossible au départ de contrôler ses mouvements. Cela ne veut pas dire pour autant qu'il soit complètement démuni. On peut même dire qu'il présente déjà, au moment de la naissance, de capacités d'observation remarquables, gérées automatiquement par des programmes innés.

Dès le début, la coordination des deux yeux est parfaite et on peut observer des groupes de saccades oculaires dans l'heure qui suit la venue au monde. L'intervalle entre chaque fixation est d'environ 300 millisecondes, une valeur moyenne identique à celle que l'on retrouve chez l'adulte. Au cours de ces fixations, le nouveau-né peut prélever différents éléments de son environnement, mais que voit-il exactement ? Les recherches en neurophysiologie ont montré que la vision des formes et des détails n'est acquise que tardivement. Elle nécessite la maturation de neurones spécialisés au niveau de la rétine et du cortex sous l'effet des stimulations reçues du milieu environnant. Ce processus de maturation n'est pas achevé avant l'âge de 6-7 mois. Le bébé en-dessous de cet âge ne peut donc voir ni les formes ni les détails. Par contre, les différences de luminosité, les contrastes de couleur et les déplacements sont déjà détectables à condition qu'ils soient nettement marqués et c'est effectivement ce type de variations dans le paysage visuel qui va attirer l'attention du nouveau-né. Les principales entraves à ces observations sont liées à la brièveté des périodes d'éveil, limitées au départ aux périodes d'allaitement, et surtout à l'impossibilité dans laquelle il se trouve de contrôler ses mouvements. Avant l'âge de trois mois, les fixations oculaires sont souvent perturbées par des mouvements incontrôlés de la tête et du buste mais, même indépendamment de ces mouvements accidentels, la motricité du globe oculaire n'est pas contrôlée au début. Ce sont les programmes réflexes qui réagissent aux différences de lumière, de mouvements, de contrastes et dirigent le mouvement des yeux, pas les centres d'intérêt du bébé. En d'autres mots, le regard se déplace de manière automatique, pas de manière intentionnelle. Le suivi d'objets en mouvement, par exemple, est très saccadé. Le délai entre chaque changement de position de l'objet et le suivi visuel est très long (plusieurs secondes), seuls les mouvements lents peuvent être suivis, et encore, pendant une période assez brève. Jusqu'à l'âge de 4-6 mois, les poursuites visuelles sont composées d'une série de points de fixation plutôt que d'une course de l'œil ajustée aux mouvements de l'objet.

Il a été précédemment question des mouvements de la tête et de la gêne que ceux-ci pouvaient entraîner pour l'observation. Bien évidemment, la mobilité de la tête ne constitue pas uniquement un obstacle à l'observation, elle permet aussi d'orienter le regard dans la direction d'un aspect intéressant du paysage perceptif, détecté en périphérie du champ visuel ou même hors du champ visuel s'il s'agit de stimulations sonores. Cette coordination de la tête et des yeux est présente également, sous une forme rudimentaire, dès la naissance, mais elle ne trouve sa forme parfaite que vers l'âge de 3-4 mois. Il s'agit bien d'un programme de coordination inné car on l'a observé également chez des enfants nés aveugles : stimulés par un bruit bien caractérisé, le son d'une cloche ou d'une voix humaine par exemple, leur tête se tourne vers l'origine du son et leurs yeux (qui n'ont jamais été stimulés) s'orientent automatiquement dans la direction du signal. Cette réponse d'orientation, de type réflexe, montre d'ailleurs qu'en plus de la coordination tête-yeux, il existe également, dès la naissance, une association entre les registres visuels et auditifs. Très rapidement, dès l'âge de quatre mois, on peut mettre en évidence une préférence pour les sources d'information cohérentes : un bébé placé entre deux écrans préfère regarder celui où les images sont synchronisées avec la bande son (Spelke, 1976, cité par Gibson, 1988). La recherche de cohérence dans l'interprétation de l'environnement et l'intentionnalité de l'observation se manifestent de plus en plus clairement d'ailleurs à partir du quatrième mois. A cet âge, l'enfant a déjà recueilli, par le biais des programmes neuro-moteurs opérationnels dès la naissance, un grand nombre d'informations sur le monde. Des régularités ont été repérées et le bébé commence à former des attentes à l'égard de son environnement familier. Il devient de ce fait accessible à la surprise. Le bébé de quatre mois peut réellement regarder les objets, les localiser, percevoir leur taille, leur distance, et même en reconnaître certains qu'il a vus souvent. Il ne peut pas encore toutefois procéder à

Tableau 4.1 — Calendrier résumé des principales étapes de maturation du système d'échantillonnage visuel de 0 à 6 mois (d'après Trevarthen, Hubley & Sheeran, 1975).

Age	Niveau atteint
0	Le nouveau-né vient au monde doté de différents programmes qui sont des prérequis à l'exploration visuelle : *Coordination des yeux* : des séquences de saccades oculaires peuvent être observées dans l'heure qui suit la naissance, leur rythme est constant au cours de la vie (environ 300 msec entre chaque saccade). Cependant, la fixation est vague, hésitante, souvent interrompue par des mouvements de la tête et du corps. *Coordination entre les mouvements de la tête et des yeux* : l'enfant peut tourner la tête et les yeux vers un signal sonore, mais le contrôle exercé sur les muscles du cou est très faible, l'équilibre de la tête instable. *Poursuite visuelle d'un objet en mouvement* : possible brièvement pour des objets très lents mais très approximative.
1-2 mois	L'enfant est capable de fixer un objet très proche (20 centimètres environ) qui se singularise par son mouvement, sa luminosité, sa couleur. Les périodes de veille attentive deviennent de plus en plus longues, le bébé passe moins de temps à dormir. Le regard devient beaucoup plus sélectif et ferme.
3 mois	Le contrôle moteur des muscles du cou est acquis, l'équilibre de la tête est désormais bien assuré, ses mouvements permettent d'élargir le champ visuel (de même que les mouvements du tronc) et facilitent la poursuite d'objets.
4 mois	Les poursuites visuelles se fluidifient, mais les déplacements rapides du regard ne sont pas encore possibles. Il en va de même pour l'analyse des détails d'un objet. La vision peut toutefois déjà permettre à l'enfant d'évaluer la taille d'un objet et la distance à laquelle il se situe. L'anticipation est faiblement développée et l'action ne peut être différée de plus de quelques secondes.
6 mois	L'enfant peut maintenir simultanément plusieurs centres d'intérêt. Il est beaucoup plus à même de s'intéresser aux détails d'un objet ou d'une scène. Il est aussi capable d'anticiper la réapparition d'un objet dont la vue est masquée par un écran.

des explorations visuelles des détails ou à des déplacements rapides du regard. Sa conception de l'objet reste également imparfaite. Dans la mesure où il est jusqu'alors confiné à un rôle d'observateur passif, certaines propriétés fondamentales des objets ne sont pas maîtrisées. Ceux-ci restent avant tout définis comme de simples stimulations sans fondement matériel : le jouet qui disparaît derrière un écran ne suscite plus d'intérêt, l'attention que lui accorde l'enfant est semblable à celle que l'on prête à un feu d'artifice : personne ne s'aviserait de rechercher les jets de lumière dans les replis du ciel de nuit. De même, lorsque le jouet n'est plus visible, c'est qu'il s'est «éteint». La cessation de la stimulation visuelle signe la fin de l'objet en tant qu'entité. C'est un peu plus tard, lorsque l'enfant devient acteur du monde en acquerrant la possibilité de manipuler les objets, qu'une seconde étape, décisive, pourra être franchie qui permet de dépasser les limites de la seule observation.

3. LES DÉBUTS DE LA MANIPULATION

Tout comme pour l'observation, la manipulation d'objets s'appuie sur des programmes moteurs innés, efficaces dès la naissance. Il s'agit plus particulièrement de programmes de coordination entre l'œil et la main et entre la main et la bouche. Il ne faut pas oublier que la cavité buccale constitue initialement le mode d'examen sensoriel le plus efficace. On parle, pour la désigner, de système sensoriel *haptique*. La sensibilité de la bouche est, dès le départ, très fine. Au premier mois, l'enfant est capable de différencier la texture des mamelons d'autres textures. A trois mois, il peut de plus distinguer la forme de sa tétine habituelle d'autres qu'on lui présente. Les mouvements spontanés des bras aboutissent dans 15 % des cas à la bouche, celle-ci restant grande ouverte dès l'amorce du mouvement. L'atteinte de la bouche, qui permet de sucer les doigts, est le premier mouvement dirigé à être réussi. Il ne nécessite pas le contrôle visuel et permettra, lorsque la saisie des objets sera au point, de se familiariser avec leur texture et leur dureté. Ajuster le mouvement à un objet vu est autrement plus difficile. Evidemment, pour les adultes que nous sommes, cela semble aller de soi et c'est sans effort que nous saisissons ce verre posé sur la table ou que nous redressons le cadre un peu de guingois sur le mur. Cette facilité que nous avons à coordonner les mouvements du corps avec les données visuelles résulte de notre déjà fort longue pratique du monde. Pour l'enfant nouvellement né, tout cela reste à apprendre et la tâche est rien moins que facile. Deux compétences sont ici nécessaires. L'une, de type balistique, consiste à lancer le bras en direction de l'objet vu, l'autre, très complexe, consiste à contrôler visuellement et tactilement les mouvements d'approche et de préhension. Cette dernière compétence ne se développe qu'à partir du 6e mois. Dès la naissance, toutefois, certaines des composantes nécessaires sont déjà en place. L'orientation du regard dans une direction entraîne fréquemment des mouvements des bras et des jambes, lancés dans la même direction. Les mouvements d'ouverture et de fermeture de la main suivent une dynamique assez semblable à celle que l'on trouve chez l'adulte. L'enfant nouveau-né est cependant incapable de saisir le moindre objet passant à sa portée. S'il lui arrive de saisir, c'est uniquement par hasard : quelque chose a été touché, il s'en est saisi. Mais il lui est impossible de repérer un objet, de lancer son bras et de s'en emparer. La coordination est encore une fois la principale difficulté à résoudre. Les programmes moteurs innés dont dispose l'enfant n'associent pas de manière stricte vision et activités manuelles. Tout se passe en fait comme si la stimulation visuelle facilitait la manipulation, mais sans l'orienter. Ainsi, lorsqu'un enfant de 3-4 semaines regarde fixement un objet, il fait souvent des mouvements d'agrippement dans une direction différente de celle de l'objet ou alors touche ses vêtements. Entre 12 et 15 semaines, lorsque le bébé regarde un objet placé tout près de lui, il porte souvent ses mains à sa bouche et commence à lécher ses doigts tout en les remuant. Il lui arrive aussi de frotter ses pieds et ses mains l'un contre l'autre. Comme précédemment pour la sélection visuelle, c'est la maturation du contrôle moteur qui constitue le principal obstacle aux progrès. L'initiation du mouvement lorsqu'un objet est détecté ainsi que la saisie manuelle sont déjà en place, il reste à apprendre comment s'en servir.

De petites conquêtes en petites conquêtes, le bébé élabore patiemment son savoir-faire, il maîtrise mieux l'espace et les notions de distance, il commence à distinguer les objets qui passent à sa portée de ceux qui sont trop loin. Ses compétences balistiques s'affinent. Entre 9 et 12 semaines, il parvient à lancer sa main, fermée, en direction d'un objet perçu. Un peu plus tard, entre 13 et 14 semaines, il effectue la même chose, mais plus lentement, en contrôlant visuellement l'approche de son bras. Dans les semaines qui suivent, ses tentatives de saisie sont de plus en plus fréquentes. On le voit effectuer des moulinets des bras et des jambes, tortiller le buste et bouger la tête lorsqu'un objet passe dans son champ visuel. Il lui arrive maintenant de buter la main dans l'objet visé. Vers la 17e semaine (fin du 4e mois, début du 5e), il arrive enfin à s'emparer de différents objets. Cette aptitude peut être acquise plus tôt. Indépendamment de la maturation nécessaire des systèmes de contrôle moteur et postural, l'exercice et la motivation interviennent aussi dans le développement de cette nouvelle aptitude. En accrochant des mobiles attrayants au-dessus du berceau ou en faisant porter des mitaines colorées qui vont inciter à porter attention aux petites mains et à les amener devant les yeux pour un plus ample examen, certains enfants réussissent à se saisir d'un objet dès le troisième mois. Il ne s'agit toutefois que d'un premier jalon car la préhension reste grossière : l'objet est soit saisi à deux mains, soit empaumé, les quatre doigts se refermant sur lui. L'ajustement du mouvement se fait uniquement sur une base empirique par correction des essais successifs. Le mouvement de saisie est effectué rapidement, en une seule fois, il est programmé dès le départ dans sa totalité en fonction de la taille, de la vitesse, de la direction et de la distance de l'objet. Le regard n'est pas utilisé pour corriger le mouvement en cours. Si l'objet change de trajectoire, c'est raté, et il faut recommencer en tenant compte des nouveaux paramètres. Dans la mesure où le mouvement est effectué rapidement, il est toutefois efficace pour un grand nombre d'objets (ceux qui ne vont pas trop vite) et les expériences s'accumulent rapidement.

Tableau 4.2 — Calendrier résumé des principales étapes de maturation du système de collecte des objets de 0 à 6 mois (d'après Trevarthen, Hubley & Sheeran, 1975, et Mounoud, 1983).

Age	Niveau atteint
0	Le système de coordination entre les mouvements des yeux et des mains est ébauché dès la naissance : l'orientation des yeux dans une direction s'accompagne fréquemment de mouvements correspondant des bras (et des jambes aussi d'ailleurs) qui sont lancés dans la même direction. Le lancement du bras s'accompagne d'une séquence ouverture-fermeture de la main comme pour permettre la saisie de l'objet.
1-2 mois	Les mouvements effectués sont correctement orientés vers l'objet détecté mais ne l'atteignent jamais (trop courts ou à côté). Des mouvements d'agrippement différemment dirigés (vers les vêtements par exemple) peuvent accompagner la fixation de l'objet.
3 mois	L'enfant essaie nettement d'atteindre l'objet, effectuant des moulinets dans sa direction, mais le contrôle des muscles des bras et du tronc est encore insuffisant. Le mouvement de la main est moins bien coordonné que ce qui était observé au moment de la naissance.
4-5 mois	L'objet est d'abord atteint puis saisi lorsque l'enfant parvient à coordonner l'approche du bras et l'ouverture de la main. L'objet saisi est souvent amené vers la bouche. Une fois la séquence bien maîtrisée, le guidage visuel du bras n'est plus nécessaire ; le mouvement, rapide et direct, est programmé dès son début. Si des modifications inattendues interviennent dans la trajectoire de l'objet, elles ne sont pas prises en compte et la préhension échoue.
Au-delà de 6 mois	Les techniques de préhension sont progressivement affinées et ajustées aux caractéristiques de l'objet (saisie avec un ou deux bras, compatible avec le poids et la texture supposée de l'objet). Vers le milieu du 7e mois, la préhension se «digitalise» : le mouvement de préhension est programmé de manière à ce que la main puisse au mieux s'emparer de l'objet alors que, jusque-là, elle accompagnait passivement le mouvement du bras.

Après le 6e mois, les mouvements deviennent de plus en plus fins et différenciés, l'enfant contrôle de mieux en mieux ses mouvements, spécialement lorsqu'il s'agit d'un exercice nouveau. Il peut s'absorber de longs moments dans la répétition d'un geste jusqu'à ce qu'il juge sa maîtrise suffisante. Il élargit ainsi rapidement son répertoire d'actions, ce qui lui permet de découvrir de nouvelles propriétés des objets. L'enfant peut maintenant agir sur son environnement et s'intéresser aux relations entre les choses. Faire disparaître des objets derrière un écran, entrer des formes dans des trous, faire du bruit en tapant des choses. De nouvelles connaissances des propriétés du monde se développent et la valeur potentielle des objets s'en trouve accrue : une expérience de Willats (1985, cité par Gibson, 1988) le montre bien. Il s'agit d'une situation assez simple où un jouet est posé sur un chiffon placé à 30 ou 60 cm de l'enfant, assis. A l'âge de 6 mois, peu d'enfants tentent de tirer le chiffon pour rapprocher le jouet, bien que certains y parviennent par hasard au cours de leurs explorations. A l'âge de 8 mois, quasiment tous ont acquis ce savoir et s'emparent facilement du jouet, quelle que soit la distance à laquelle il se situe.

Dans la suite du développement, l'acquisition de la marche à quatre pattes puis de la marche bipède ouvrent de nouveaux horizons, bien plus vastes, à l'exploration où pourront s'exercer les aptitudes acquises alors que l'enfant était actif mais encore contraint à l'immobilité. L'acquisition de la locomotion constitue une sorte de révolution pour l'organisation cognitive car l'intérêt pour les objets peut être élargi à leur disposition dans l'espace et aux changements de points de vue introduits par les déplacements. Le nouveau défi sera alors de parvenir à coordonner les différents points de vue de manière à aboutir à des représentations mentales des espaces qui soient indépendantes des points de vue particuliers. Plus tardivement encore, avec l'acquisition de la marche bipède, de nouvelles habiletés seront à nouveau à conquérir, le transport d'objets dans les bras en particulier, une activité à laquelle l'enfant se livre avec énormément de plaisir dans un premier temps, repérant à travers les différents objets qu'il rencontre ceux qu'il peut réellement transporter et la quantité d'efforts que cela demande. L'histoire des manipulations d'objets ne s'arrête pas là évidemment, elle suit un mouvement progressif d'élargissement et d'abstraction, les opérations effectuées sur le réel s'intériorisant peu à peu en concepts abstraits au cours d'un processus décrit de manière détaillée par J. Piaget dans ses nombreux ouvrages. L'acquisition du langage et la confrontation aux schémas de pensée implicitement contenus dans la description culturelle du monde constituent bien sûr à ce niveau une source d'influences incontournable.

4. LES DÉBUTS DU QUESTIONNEMENT

L'étude du questionnement chez l'enfant a peu progressé depuis les études de Piaget sur le langage et la pensée chez l'enfant, publiées en 1923, et c'est surtout sur cet ouvrage classique que je me baserai pour parler du questionnement. Quelques rappels chronologiques tout d'abord : l'enfant comprend quelques mots et phrases courtes vers 9 mois, il prononce ses premiers mots vers l'âge de 1 an (12 mois), son vocabulaire s'enrichit dans les mois qui suivent, lentement d'abord, puis à un rythme exponentiel. Les premières phrases sont prononcées vers le début de la deuxième année. Le vocabulaire de l'enfant se compose à ce moment d'une centaine de mots. C'est à cet âge également que les premières questions vont être posées. Elles portent sur les localisations de personnes ou d'objets qui lui manquent (*Où maman?*) et sur le nom de choses qu'il a observées et qui l'intéressent (*Quoi ça?*). Savoir le nom des choses permet, en effet, de les désigner ultérieurement, dans le but par exemple de les obtenir à nouveau ou, au contraire, de les éviter. L'enfant repère rapidement cette fonction pragmatique du mot et il est probable que celle-ci joue un rôle important dans l'intérêt qu'il porte au langage.

Ce premier âge des questions est suivi d'un second, marqué par l'apparition du «pourquoi», qui s'étend de 3 à 7 ans environ (bien des choses ayant changé dans la vie quotidienne des enfants depuis 1923, les âges cités doivent être considérés comme des ordres de grandeur plus que des valeurs figées ; la confrontation précoce à une masse importante d'informations, par le biais de la télévision notamment, a un effet similaire à celui de l'enrichissement environnemental et tend à raccourcir les temps de maturation). L'usage que l'enfant affecte à cet adverbe n'est pas toujours d'ordre interrogatif. «Pourquoi», en réponse à un ordre ou à une décision d'adulte, peut également servir à marquer le mécontentement, le refus, l'opposition ou la frustration. Dans ce cas, aucune réponse n'est attendue, l'enfant n'exprime par ce mot unique que la détresse qu'il ressent à être soumis à l'arbitraire de l'adulte (et du monde).

Les véritables «questions-pourquoi» surprennent par leur fréquence, extrêmement élevée, mais aussi par leur caractère souvent absurde, de notre point de vue d'adulte en tout cas. Piaget a tenté de dégager la conception du monde sous-jacente à ces questionnements en étudiant un corpus de plus de mille questions spontanément adressées à sa préceptrice par un enfant entre l'âge de 6 et 7 ans. Premier point important, lorsqu'il questionne, l'enfant de 6 ans ne s'intéresse pas à la démonstration, aux justifications mettant en jeu un raisonnement détaillé, il n'a que faire des avis et des opinions, ce qu'il attend c'est qu'on lui donne la raison des choses et de toutes choses, même celles qui nous semblent purement fortuites. Ainsi, Del., l'enfant étudié, demande : «Pourquoi ça fait pas une source dans notre jardin?». On peut trouver cette question pertinente mais trop précoce, y répondre soigneusement nécessiterait de faire appel à des notions de géologie qui ne sont pas accessibles à un enfant de cet âge et qui échappent d'ailleurs à la plupart des adultes, d'où leur embarras face à l'enfant et les lamentables dérobades du type : «Tu es trop petit pour comprendre». Mais, selon Piaget, l'enfant n'attend pas du tout ce type de réponse et les adultes ont tort quand ils ont l'impression de ne pas être à la hauteur de la confiance que veut bien leur prêter l'enfant. Le quiproquo serait seulement lié à un écart dans la manière de concevoir l'ordre du monde. Ce qu'attend l'enfant, c'est seulement la raison qui veut qu'il y ait une source en tel endroit et pas dans le jardin, alors qu'une source, c'est joli et qu'il serait content d'en avoir une dans le jardin. Quelle bonne raison a fait, en définitive, qu'on ait choisi de ne pas en mettre : «Est-ce que, par exemple, ça empêche de faire pousser des carottes?». Ce que ne peut pas (encore) entendre l'enfant, c'est l'absence d'intention sous-jacente à toute une catégorie d'évènements, ceux qui relèvent du monde physique et du règne naturel. L'idée de hasard, de fortuit, lui est étrangère, d'où une propension marquée à s'interroger sur toutes ces choses qui surviennent et qui sont éventuellement fâcheuses : pourquoi la maladie, pourquoi la mort et la destruction ? Ce sont ces considérations sur le caractère inéluctable de la mort, sur le caractère imprévisible des accidents qui l'amèneraient petit à petit à renoncer à l'idée d'une intentionnalité cachée derrière toutes choses pour accepter l'idée d'un monde qui échappe, au moins partiellement, à l'emprise de l'homme (Piaget parle joliment d'un *agnosticisme de la vie courante*, p. 163). On comprend, dès lors, le choix de ce terme, pour-quoi, car il traduit très exactement cette idée que les choses ont un sens, une raison d'être, elles sont là pour répondre à une nécessité. On comprend aussi la raison pour laquelle, parmi les questions de l'enfant, ce sont celles qui portent sur les motifs des actions, des coutumes et des comportements qui s'approchent le plus de notre conception des choses. La figure 4.1 montre les différents niveaux d'explication causale et de justification logique atteints au cours du développement.

Ces niveaux se dégagent progressivement à partir d'un état d'indifférenciation qui correspond à une croyance en la motivation de toute chose et exclut la notion de hasard. Chez l'enfant, avant 6-7 ans, le niveau explicatif atteint est précausal et la distinction entre justification et explication reste floue. Tout se passe en fait comme si la globalité du monde suivait un cours calqué sur l'ordre social et, parce que l'adulte dirige l'enfant et a pour rôle de lui inculquer les «bonnes manières», il est logique qu'il soit aussi perçu comme omniscient, à même de répondre à toutes les questions. C'est ce que montre l'étude des échanges des enfants entre eux, au même âge.

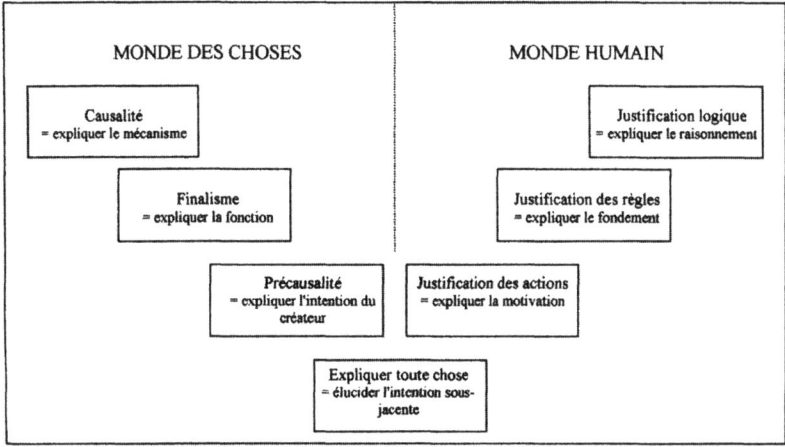

Figure 4.1 — Différenciation progressive des niveaux d'explication causale et de justification logique (d'après Piaget, 1923).

En effet, les questions que s'adressent les enfants sont de portée bien différente. Un enfant demande rarement à un pair la raison des choses et lorsqu'il lui pose une question, elle prend rarement la forme du pourquoi, ou alors c'est qu'elle concerne la motivation de son comportement. Entre enfants, les questions que l'on se pose relèvent soit des questions que Piaget appelle «de réalité» (*elle est de quelle couleur ta voiture, tu as quel âge, t'habites où*, etc.), soit de la catégorie du «comment» lorsqu'il s'agit, par exemple, de s'initier à un savoir-faire que possède l'autre ou de s'accorder sur une activité que l'on réalise en coopération. Il existerait donc deux usages différents du questionnement à cet âge, l'un utilisé dans le cadre du jeu et de l'ajustement quotidien, l'autre dans les conversations avec l'adulte supposé avoir réponse à tout. Dans le premier cas, le questionnement constitue un prolongement direct de l'exploration. Les questions de réalité sont une forme dérivée de l'observation à distance et il s'agit simplement d'obtenir de l'information sur des aspects du réel qui ne sont pas directement accessibles, soit parce que les objets ne sont pas physiquement présents, soit parce que l'enfant n'a pas les moyens d'évaluer directement cet aspect (questions sur l'âge et sur l'heure en particulier). Le lien entre les questions de type «comment», la manipulation et la recherche de maîtrise sur les évènements est clair lui aussi. On peut seulement préciser que la comparaison des points de vue apporte un élément nouveau, la possibilité de relativiser une pratique propre en examinant d'autres manières de faire, qu'il s'agisse de compétences pratiques ou d'usages domestiques, l'heure du coucher ou les étapes de la toilette, par exemple.

La fonction des questionnements dirigés vers l'adulte est d'un autre ordre. Elle relève d'une dimension plus métaphysique, presque sacrée au regard de l'autre usage, profane, du questionnement. L'adulte est perçu comme le garant de l'ordre des choses et de leur stabilité. La généralisation de la situation de dépendance sociale dans laquelle se trouve l'enfant à l'ensemble de la réalité est particulièrement frappante. L'enfant demande à être réassuré sur le monde, il cherche à en comprendre la logique, mais plus il questionne, plus il se rend compte de certaines réticences, pour tout dire d'une certaine imposture. D'une certaine manière, la confiance qu'il place dans l'adulte est toujours déçue puisqu'il se rend compte, tôt ou tard, qu'il a été abusé. Les premiers psychanalystes, à la suite de Freud, ont beaucoup insisté sur l'intérêt de l'enfant pour les mystères de la naissance, de ses hypothèses et de comment, d'indices en indices, l'enfant cesse d'adhérer aux mensonges que l'adulte entretient à son intention (les histoires de choux, de roses et de cigognes en particulier). Indépendamment de ce questionnement sexuel, de nombreux faits troublants conduisent de toute façon l'enfant à abandonner la confiance initiale qu'il avait placée en l'adulte. Ce peut être, par exemple, une punition que l'enfant reçoit pour une faute qu'il n'a pas commise alors que l'adulte reste convaincu du contraire. Ce peut-être aussi le constat de la vulnérabilité des parents : les coups du sort qu'ils subissent montrent bien qu'ils ne sont ni tout-puissants ni omniscients. Le passage à ce que l'on a coutume d'appeler l'âge de raison se traduit par une remise en cause de l'ordre des choses où les parents perdent leur omnipotence et sont ravalés au rang de simples personnes, juste plus âgées que l'enfant, également capables de commettre des erreurs et d'ignorer des choses.

D'un point de vue cognitif, en abandonnant l'idée de l'omniscience de l'adulte, l'enfant peut commencer à chercher par lui-même à comprendre ce monde des choses qui continue d'échapper à sa maîtrise. L'enfant, passé ce cap, peut s'investir dans des conquêtes intellectuelles et briller à l'école, il peut aussi s'intéresser davantage aux processus techniques et chercher, par exemple, à se familiariser avec des domaines tels que l'électricité et la chimie, dont le prestige ressort des effets qu'ils permettent d'obtenir. Il peut enfin prêter beaucoup moins d'intérêt à la connaissance purement scolaire et chercher à s'affirmer plutôt au sein de groupes de son âge. Cette période de réorientation de la démarche intellectuelle ne doit pas conduire à sous-estimer les enjeux importants qui se jouent dans le même temps au plan affectif. Lorsque l'enfant remet en jeu ce savoir de l'adulte, c'est aussi une atteinte qu'il porte à leur amour-propre (au moins au niveau de son imaginaire). Cette dévalorisation qu'il leur fait subir ne va-t-elle pas se retourner contre lui ? Et comment pourra-t-il ensuite conserver leur amour ? Chacun doit trouver comment négocier au mieux la tension entre connaître et aimer qui se joue vis-à-vis des parents, parfois au prix d'un renoncement à la curiosité intellectuelle.

5. DÉCOUVRIR, JOUER, S'ENNUYER : LES TEMPS DE LA CURIOSITÉ

Dès l'apparition de ces capacités d'observation, de manipulation et de questionnement, l'enfant y recourt de manière intensive. L'exploration de l'environnement spatial et le jeu constituent, dans les premières années, les activités principales de l'enfant. Les manifestations de curiosité apparaissent lors de la rencontre avec la nouveauté mais, si ces rencontres restent fortuites et aléatoires, elles sont néanmoins activement provoquées par la recherche de distraction. Lorsque les jeux connus et les jouets possédés ont tous été essayés sans que le plaisir attendu y ait été goûté, alors c'est le temps de l'ennui où l'attention s'attarde sur tel ou tel placard hors de portée, où, peut-être, sont rangées des tartelettes à la fraise. Et ce petit tabouret permettrait bien d'atteindre du bout du bras la porte du placard... Ou alors ce sont les pas qui, sans que l'intention participe au projet, amènent à la grande porte du grenier. Il y a, dans le trou de la serrure, la grosse clef rouillée qu'on ne tourne qu'avec effort et, passée la porte, c'est la pénombre, à peine dissipée par une ampoule faiblarde, qui suggère tout autour un amoncellement merveilleux de vieux jouets, de journaux défraîchis et d'objets inconnus.

Plusieurs auteurs se sont intéressés aux liens entre curiosité, jeu et ennui. Leurs idées sont globalement convergentes. J'ai choisi de détailler plus particulièrement les travaux de deux d'entre eux. Le tableau 4.3, adapté d'après Hugues (1986), distingue exploration spécifique (motivée par la nouveauté), jeu et exploration non spécifique (motivée par l'ennui) sur la base de plusieurs niveaux d'analyse. Ces trois moments de la curiosité s'enchaînent au cours de cycles où l'enfant alterne entre des phases de découverte (exploration spécifique ou non) et de jeu.

Dans ce modèle, le jeu s'inscrit dans le prolongement direct de la phase de découverte de l'objet puisqu'il s'agit, en fait, selon Hugues, d'exploiter les opportunités d'action offertes par l'objet. En ce sens, l'opposition qui est faite entre jeu et exploration est artificielle et il semble plus pertinent de distinguer deux moments de la curiosité. Dans la phase de *découverte initiale*, l'objet inconnu suscite de la méfiance ou, au moins, une certaine réserve car il ouvre une brèche d'incertitude au sein de l'univers familier. Il s'agit alors de réduire le nouveau en le rapprochant du déjà connu. Dans la seconde phase, lorsque ce travail d'assimilation a été effectué, l'exploration prend un tour nouveau, plus détendu, plus ludique. L'enfant, initialement un peu distant, n'hésite plus à prendre l'objet en main, à le saisir, à le frapper. Il se l'approprie et essaie d'en tirer le plus possible. Ce moment peut être baptisé phase *d'appropriation-approfondissement* car il s'agit d'un prolongement de l'exploration caractérisé par une liberté bien plus grande dans la manipulation de l'objet et bien moins respectueuse aussi, pouvant éventuellement aboutir à sa destruction.

Tableau 4.3 — Les trois étapes du cycle exploration-jeu (d'après Hugues, 1986).

Phase étudiée	Exploration spécifique	Jeu	Exploration non spécifique
Question sous-jacente	"QU'EST-CE QUE C'EST CET OBJET?"	"QUE PUIS-JE FAIRE AVEC CET OBJET?"	"OU PUIS-JE TROUVER QUELQUE CHOSE A FAIRE?"
Expression du visage	Concentration, défiance	Détente, plaisir	?
Comportement	Séquence stéréotypée d'actions	Fonction des opportunités offertes par l'objet	Déambulations?
Source de la motivation	Motivation extrinsèque (nouveauté de l'objet)	Motivation extrinsèque (le plaisir de jouer)	Motivation extrinsèque (l'ennui)
Fonction probable	Identifier l'objet	Maintenir un niveau d'interaction élevé avec le monde	Rechercher la distraction
Aspects physiologiques	Focalisation attentionnelle (le cœur décélère et bat régulièrement à un rythme inférieur à la normale)	Disposition à répondre aux nouveaux stimuli (variabilité cardiaque importante)	?

Les deux moments de la curiosité, *découverte initiale* et *appropriation-approfondissement* se suivent, mais pas nécessairement en suivant le cycle à trois temps proposé par Hugues. Il serait plus exact de concevoir le phénomène comme une succession de rebonds, chacune des nouvelles facettes de l'objet pouvant initier une nouvelle exploration. De ce point de vue, le modèle proposé par Voss & Keller (1986, figure 4.2) est plus satisfaisant car il représente sous une forme plus dynamique les liens entre découverte et plaisir du jeu.

Initialement, l'enfant porte une attention diffuse sur ce qui l'entoure, puis quelque chose attire son attention, quelque chose qu'il ne connaît pas. Selon l'intérêt qu'il porte à cette découverte, sa curiosité persiste

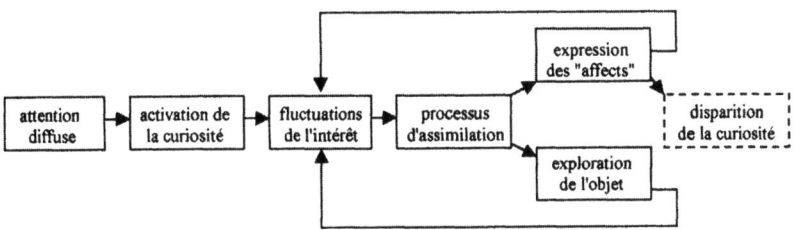

Figure 4.2 — Les étapes de l'exploration. Le terme « affect » a été retenu pour signifier qu'il s'agit d'une réaction à l'observation du résultat qui n'est ni vraiment une émotion ni un sentiment, juste une coloration affective du vécu immédiat (adapté d'après Voss & Keller, 1986).

plus ou moins longtemps. Si son intérêt est faible, il ne se donnera même pas la peine d'approcher. Si l'intérêt est plus vif, alors une exploration sera engagée. Au fur et à mesure que l'exploration progresse, la curiosité s'estompe. Plusieurs facteurs interviennent pour prolonger ou abréger la durée de l'exploration. Certaines recherches (Hutt, 1966, citée par Hugues, 1986) ont montré que le temps consacré à un objet nouveau dépend de la richesse des effets qu'il permet d'obtenir : les enfants passent plus de temps à découvrir un jouet qui permet d'obtenir des effets visuels et sonores que le même jouet dans la version uniquement visuelle ou uniquement sonore. Il est probable également que l'absence de régularité stricte dans les effets constitue une source d'étonnement qui prolonge le temps de la découverte car il faut répéter les essais jusqu'à ce que le processus soit mieux maîtrisé.

L'intérêt pour l'objet peut bien sûr persister indépendamment de la curiosité qu'il a suscitée initialement. C'est le cas en particulier lorsque l'enfant juge qu'il s'agit d'un objet vraiment rigolo. Il ne se lasse pas de l'entendre meugler comme une vache, lancer des cocoricos à tout va ou gigoter comme un gros ver chatouilleux. Les manipulations que l'on observe dans ce cas peuvent se poursuivre assez longtemps, mais il est clair qu'elles n'ont plus à voir avec la curiosité mais relèvent uniquement du jeu. En se limitant à l'analyse du comportement, la transition entre exploration et jeu est bien difficile à objectiver car, comme il a été déjà signalé, la phase d'appropriation-approfondissement relève encore de l'exploration mais ressemble déjà beaucoup à du jeu. A un niveau d'analyse plus fin, la répétition d'une action à l'identique de nombreuses fois, l'insertion de l'objet dans une activité ludique plus vaste, son association avec d'autres jouets montrent toutefois à quel moment l'attention se décentre du processus de découverte de l'objet pour passer à une phase de simple utilisation.

6. LA COMPÉTENCE SELON WHITE

L'enfant s'intéresse beaucoup aux effets que l'on peut produire avec l'objet et la joie qu'il exprime dans ces moments-là dérive très clairement des résultats qu'il obtient. Dans un livre désormais classique, *La naissance de l'intelligence chez l'enfant*, Piaget (1936) a relevé chez ses deux enfants, Jacqueline et Laurent, de nombreuses occurrences de l'activité exploratoire qu'il décrit de manière détaillée. Ces descriptions illustrent très bien le passage d'une phase de découverte initiale caractérisée par la réserve et l'observation, à une phase d'appropriation-approfondissement dominée, au plan comportemental, par la manipulation et l'excitation motrice qui ouvre ensuite sur des conduites purement ludiques.

En voici un bel exemple provoqué par la rencontre de Jacqueline, 8 mois 16 jours, et d'un article de vannerie :

(Jacqueline) regarde longuement un dessous de plat en paille, puis en touche délicatement le bord, s'enhardit à le palper, puis le saisit, le tient en l'air en le déplaçant lentement, le secoue et finit par taper dessus au moyen de l'autre main. Cette conduite s'accompagne d'une mimique d'attente puis de satisfaction : Jacqueline exprime enfin ses sentiments en faisant apff (un bruit qu'elle émet habituellement en présence d'autres gens). Après quoi, elle frotte l'objet contre le bord du berceau, etc. (Piaget, 1936, p. 223).

Le « et cetera » qui termine la citation indique à ce moment la reprise d'activités propres à cette enfant (idiosyncrasiques). Les autres explorations rapportées au même âge se poursuivent invariablement par ce type d'actions (frotter sur l'osier du berceau, frapper du plat de la main, porter à la bouche) que Piaget appelle *schèmes sensori-moteurs* et qui constituent le répertoire des actions intentionnelles maîtrisées par l'enfant. On peut être tenté d'assimiler ces comportements à des activités ludiques pour lesquelles l'objet nouveau sert de simple prétexte, mais Piaget préfère y voir la forme de compréhension propre à cet âge. L'application des *schèmes* permettrait une définition de l'objet par l'usage que l'on peut en faire. Ce mode de compréhension, antérieur au développement du langage, apparaîtrait vers l'âge de 8-10 mois ; auparavant, l'intérêt de l'enfant ne se porterait pas sur l'objet lui-même mais sur l'exercice des schèmes eux-mêmes.

Dans la suite immédiate du développement, l'enfant enrichit sa connaissance du monde physique et devient de plus en plus habile à produire des effets étonnants. On assiste à la mise en place de véritables « expériences pour voir » où l'enfant se montre un expérimentateur intuitif fort méticuleux. On retrouve Jacqueline, âgée maintenant de 1 an et 2 mois :

> Jacqueline a en mains un objet nouveau pour elle : une petite boîte ronde et plate qu'elle retourne en tous sens, secoue, frotte contre le berceau, etc. Elle la lâche et essaie de la ramasser. Mais elle ne parvient qu'à la toucher avec l'index, sans la saisir. Elle fait néanmoins effort et presse sur le bord : la boîte se redresse alors et retombe. Jacqueline, très intéressée par ce résultat fortuit, s'applique aussitôt à l'étudier. (...) (Elle) repose immédiatement la boîte sur le sol et la pousse aussi loin que possible (à noter le souci de pousser au loin la boîte pour reproduire les mêmes conditions que lors du premier essai, comme si c'était une condition nécessaire à l'obtention d'un résultat). Après quoi, Jacqueline met son doigt sur la boîte et presse. Mais comme elle pose le doigt au centre de la boîte, elle la déplace simplement et la fait glisser au lieu de la redresser. Elle s'amuse alors à ce jeu et le poursuit pendant quelques minutes. Puis, en changeant de point d'application, elle finit par poser à nouveau son doigt sur le bord de la boîte, ce qui redresse celle-ci. Elle recommence alors de nombreuses fois, en variant les conditions, mais en tenant compte de sa découverte : elle ne presse plus qu'au bord ! (Piaget, 1936, p. 239).

Cette citation un peu longue a l'avantage de porter sur la même enfant à six mois d'intervalle, ce qui permet de mesurer les progrès effectués dans ce laps de temps : l'exploration porte à présent sur des propriétés physiques subtiles. Les pressions exercées sur l'objet génèrent des déplacements variés de celui-ci selon leur point d'application. La familiarité avec le monde des objets est plus grande. La boîte, bien que nouvelle, est tout de suite saisie. L'approche timide observée à 8 mois n'est plus de mise en présence d'une simple boîte. La phase de découverte initiale n'est pas rapportée, on peut la supposer brève sinon inexistante. L'attention de Jacqueline ne porte pas tant sur l'objet, que peut-être elle trouve déjà assez quelconque malgré son caractère nouveau, mais bien plutôt sur les actions qu'elle peut exercer à son encontre. Et sa vigilance est grande puisque, après avoir obtenu par hasard un effet intéressant, elle prend la peine de reconstituer la situation lui ayant permis d'aboutir à ce résultat pour le reproduire. On peut noter encore l'intérêt avec lequel elle déplace la petite boîte en la poussant du bout du doigt. C'est un jeu, mais c'est aussi une manière de développer un nouveau savoir-faire, une nouvelle compétence.

On doit à R.W. White (1959) d'avoir attiré l'attention des psychologues sur l'intérêt du concept de compétence. Dans cet article, très souvent cité, White définit la compétence comme la capacité à agir efficacement au sein de son environnement. La recherche de compétence, ou mieux, d'efficience, constituerait un besoin fondamental des espèces qui naissent biologiquement immatures, ne sont donc pas autonomes à la naissance mais doivent se familiariser progressivement avec leur milieu de vie à travers la multiplication des expériences et des apprentissages (voir chapitre 3). Ce besoin serait soutenu par un plaisir immédiat, le plaisir d'être la cause d'un évènement, de provoquer intentionnellement des changements dans l'environnement. Chez l'animal, le phénomène de *contra free loading*, illustré au chapitre 2 par les recherches sur les gerbilles de Forkman, fournit des données à l'appui de cette hypothèse. Chez l'enfant humain, ce goût pour la production d'effet est bien illustré par les deux exemples repris de Piaget. L'efficience ou sentiment de compétence est en soi source de plaisir et il existerait une prédisposition chez l'enfant (ainsi que chez de nombreux animaux) à saisir les rapports entre l'action propre et les modifications du milieu en termes de liens de causalité. Bruner (1964, cité par Nuttin, 1984, p. 156) propose un schéma hypothétique pour rendre compte de ce processus :

1. De manière générale, une attention spéciale est accordée aux changements dans le milieu qui font suite à une action, ces changements pouvant être, bien entendu, fortuits.

2. L'association action-changements est interprétée en terme d'effet ou de résultat.

3. La validité de cette interprétation est testée par la répétition intentionnelle de l'acte supposé efficace.

4. Cette répétition de l'acte suppose sa conservation en mémoire. Elle suppose également l'existence de facultés d'anticipation, ce dont témoignent les manifestations affectives en cas d'échec ou de succès.

Cette séquence peut sans grandes difficultés être appliquée à certains membres de la gent animale. Ainsi, au cours du chapitre 2, on peut considérer que des exemples de *recherche de compétence* ont été décrits avec les expériences de Forkman sur les gerbilles.

White attire également l'attention sur ce paradoxe apparent : bien qu'il s'agisse d'une aptitude tout à fait essentielle à la survie de l'organisme, il est étonnant de constater que le développement de l'action efficiente s'effectue principalement, chez l'homme comme chez l'animal, dans les moments de jeu et de distraction. Une motivation pressante, un besoin impérieux à satisfaire (manger, boire) ne constituent pas du tout les conditions idéales pour se familiariser avec l'environnement. Pour prendre un exemple trivial, un homme qui se dépêche pour ne pas arriver en retard à un rendez-vous d'affaires s'intéressera uniquement aux éléments qui lui permettent de gagner du temps. Au contraire, s'il flâne après la pause du déjeuner, il collectera fortuitement, grâce à sa disponibilité d'esprit, une quantité beaucoup plus large d'informations sur ce qui l'entoure. De même, c'est lorsque l'enfant se sent en sécurité, dans les moments de repos et même d'ennui, qu'il pourra accumuler le plus grand nombre d'informations sur l'environnement qui l'entoure. White rappelle à ce propos le bel exemple du nourrisson qui, seulement après avoir été rassasié, s'intéresse aux traits du visage de sa maman.

7. DÉVELOPPEMENT DES MODES D'INTERACTION AVEC LE MONDE (SYNTHÈSE)

Pour ces animaux au système nerveux sophistiqué que sont les hommes, les débuts de la vie sont marqués par une très longue phase de dépendance, l'enfance. Le cerveau du nouveau-né est immature, ses potentialités sont très grandes mais les moyens d'action très faibles. Quand même, on ne part pas de rien. Il existe des programmes nerveux fonctionnels dès la naissance qui permettent de commencer à échantillonner les différents aspects du monde. Les deux yeux ont des mouvements coordonnés, le regard est automatiquement attiré par certaines stimulations visuelles, des mouvements, des couleurs contrastées, des différences de luminosité. Les mouvements de la tête, aussi approximatifs soient-ils, facilitent l'observation, ils permettent même de s'orienter vers un bruit intéressant. La bouche est pour l'instant la seule zone de contact fonctionnelle. Le nouveau-né est surtout un observateur. Un peu en retrait du monde, il emmagasine déjà une masse formidable de données desquelles son cerveau en construction va s'imprégner et extraire les premières constantes. Peu à peu, le paysage visuel s'assemble et prend de la cohérence, la capacité d'anticipation apparaît et, avec elle, la possibilité d'être surpris. Vers l'âge de 4 mois, sous l'effet de la maturation physiologique du corps mais aussi de la répétition des essais, la manipulation devient possible et ouvre un nouveau champ d'expériences, formidablement étendu. De témoin l'enfant devient acteur et ce plaisir d'être la cause des évènements se décline en variantes innombrables, sources de vives satisfactions. Une troisième révolution sera introduite quelques mois plus tard par l'acquisition de la marche. Bipède ou quadrupède, elle permet de changer à volonté le point de vue sur les choses, de voir sans être vu, d'aller constater la raison de tel ou tel bruit. L'enfant devient explorateur, constate à la fois la généralité de certaines lois et la très grande diversité de son environnement. L'acquisition du langage lui permet enfin, par le biais du questionnement, d'étendre ses investigations à des domaines physiquement inaccessibles.

Observer, manipuler, questionner sont des activités tout à fait essentielles de l'enfance. Elles s'exercent sans aucun caractère systématique au gré des opportunités fournies par l'environnement. Elles se confondent souvent avec le jeu. L'apprentissage n'est jamais leur motivation première, c'est une valeur ajoutée à l'excitation que procure la nouveauté, au plaisir d'arriver à ses fins. On trouve déjà, chez d'autres mammifères, des manifestations nettes de ces deux composantes, mais elles sont nettement plus développées chez le petit d'homme et on peut s'interroger sur ce qui apparaît comme une particularité de notre espèce. La socialisation jouerait un rôle important. La mère (et les autres adultes qui s'occupent de l'enfant) crée spontanément de nombreux jeux autour de la manipulation d'objets. La mère montre comment produire des effets intéressants, l'enfant l'imite. Elle l'encourage de la voix quand il approche du but. Il en va très différemment chez une espèce proche de la nôtre comme le chimpanzé. La mère chimpanzé n'incite pas son petit à découvrir ou manipuler. Les interactions autour d'objets non alimentaires sont rares et les explorations se font en général de manière indépendante. Il n'est pas rare, par exemple, que, lorsque le petit découvre une propriété intéressante de l'objet, sa mère lui retire des mains pour pouvoir mieux l'examiner (Bard & Vauclair, 1984, cités dans Vauclair, 1992). Le développement de l'observation et des compétences manipulatoires se fonde chez l'homme sur le partage social et c'est peut-être là une singularité de notre espèce. Certains auteurs vont même plus loin en supposant que la capacité d'agir sur le monde physique ne serait pas découverte fortuitement lors d'explorations aléatoires, mais serait une attente *a priori* du bébé, dérivée des schémas d'interaction acquis lors des échanges ritualisés avec la maman (Lewis & Brooks, 1978, cités par Cassidy, 1986). L'intentionnalité qui sous-tend les actes de l'adulte envers l'enfant serait spontanément étendue à l'ensemble de l'environnement. Les données collectées par Piaget concernant le développement de la notion de causalité vont dans ce sens mais elles se rapportent à l'enfant de 6-7 ans. Cette hypothèse est très difficile à évaluer sur la base de données empiriques avec des enfants en bas-âge. Avouons cependant qu'elle est séduisante. Ce monde socialisé, parcouru d'intentions qui restent à élucider, s'il n'est qu'une vue de l'esprit (la nôtre ou celle du bébé?), constitue néanmoins un lieu fort propice au déploiement de la curiosité.

Chapitre 5
Différences individuelles : le rôle de la socialisation

Boîte en fer, dessous de plat, ficelle, voilà des objets anodins auxquels nous, adultes, prêtons bien peu d'attention. Ils constituent pourtant, pour l'enfant en bas âge, autant d'occasions de s'informer sur le monde, c'est ce qu'illustrent les observations recueillies par Piaget. Des objets de ce genre, tous les enfants en ont à leur disposition. Malgré cela, ils ne sont pas tous également curieux, c'est indéniable. Certains se montrent aventureux et n'hésitent pas à s'aventurer seul dans des lieux inconnus. Ils papillonnent autour du garagiste, se risquent à regarder au-dessous de la voiture. D'autres, au contraire, se montrent bien plus timorés, consultant du regard les parents restés en arrière chaque fois qu'une initiative semble requise de leur part. Comment justifier ces différences ? Classiquement, des facteurs de deux ordres sont invoqués, les uns relevant de la biologie et du patrimoine génétique, les autres en rapport avec le milieu de vie. Il est vraisemblable qu'un déterminisme biologique existe pour la curiosité, en particulier parce qu'elle est étroitement liée à l'intelligence. On sait, par exemple, que les capacités intellectuelles remarquables des enfants dits surdoués s'appuient sur une curiosité très vive dans de multiples domaines. Or, les particularités de ces enfants ne peuvent être expliquées par leur milieu familial et éducatif puisque leurs frères et sœurs, élevés dans les mêmes conditions, ne présentent pas, en général, le même genre de performances. On doit donc en conclure que les caractéristiques biologiques qui facilitent d'une manière ou d'une autre le travail de la pensée avantagent également la curiosité. Une fois établi ce constat, il est difficile cependant d'aller beaucoup au-delà. Par contre, si l'on s'intéresse aux influences qui s'exercent via le milieu, il est aisé de se rendre compte qu'elles sont également importantes et que leur analyse se révèle plus instructive. Deux cadres d'analyse seront plus particulièrement développés pour mettre en lumière la manière dont le contexte social influence l'expression de la curiosité. La théorie de la qualité de l'attachement, développée sur la base de considérations éthologiques, rend compte de la construction de la confiance en soi chez le très jeune enfant. Les schémas explicatifs que propose cette théorie sont applicables à l'adulte également. La théorie de l'apprentissage social et les travaux qui en découlent permettent de mieux comprendre comment l'attitude de l'adulte va influencer l'enfant à travers l'imitation mais aussi toute une multitude de petits signes, de remarques anodines. Si le rôle des parents apparaît fondamental dans l'étayage de la curiosité enfantine, le rôle de l'école et des différentes instances éducatives est tout autant important. La dernière partie de ce chapitre donnera un aperçu de différents contextes éducatifs qui permettent d'encourager ou de réveiller le goût de la découverte et le plaisir de penser chez les jeunes apprenants.

1. L'INFLUENCE DU MODE D'ATTACHEMENT

Le concept relativement abstrait d'attachement renvoie à un ensemble de comportements qui favorise le contact physique ou la proximité spatiale entre un bébé et la personne qui lui apporte des soins, généralement la mère. Les pleurs, le fait d'exprimer de la joie lors du retour de la mère, d'exprimer par différentes attitudes le désir d'être pris dans ses bras sont autant de stratégies comportementales qui permettent à l'enfant de consolider le lien affectif. Selon J. Bowlby, qui est à l'origine de la théorie de l'attachement, ces comportements font partie du répertoire comportemental de notre espèce et ont été sélectionnés au cours de notre histoire biologique en raison de leur valeur adaptative. Ils ont pour fonction d'assurer la sécurité de l'enfant vis-à-vis de dangers éventuels en maintenant la proximité physique et affective avec l'adulte donneur de soins. Le répertoire de comportements qui caractérise cette relation varie beaucoup selon les enfants et se construit au cours des interactions successives.

A la suite de nombreuses observations préliminaires, une situation standard a été mise au point pour mettre en évidence les différents modes d'attachement. Elle est connue sous le nom de *situation étrange de Ainsworth* (*strange situation*) et pratiquée avec des enfants qui ont entre 12 et 18 mois. La qualité de l'attachement est évaluée en soumettant l'enfant à différents stress d'intensité croissante : se retrouver dans une pièce inconnue avec la mère, puis en l'absence de la mère, sans la mère et avec un inconnu, etc. Sur la base des données collectées avec cette méthode, une typologie en trois classes a été proposée pour caractériser les principaux types d'attachement. Dans *l'attachement sécurisé*, la mère est attentive aux besoins de l'enfant et lui apporte rapidement le réconfort dans les états de détresse. Sur cette base, l'enfant va développer un sentiment de confiance dans la capacité qu'il a à contrôler ce qui lui arrive et à modifier de manière favorable le cours des évènements qui surviennent dans son environnement. Typiquement, l'enfant qui a construit un lien sécurisé avec la mère va bien supporter les moments de séparation d'avec celle-ci, manifestera sa joie lors de son retour, recherche activement son contact physique mais accepte facilement la rupture de ce contact et s'engage ensuite dans des activités autonomes. Les enfants qui sont caractérisés par l'évitement du contact (*évitement actif*) n'ont pas réussi à construire cette relation de confiance avec leur mère. Cette dernière se caractérise souvent par un comportement brusque, dirigé par ses propres impulsions mais sans prise en compte des désirs de l'enfant. En réaction, l'enfant évite les approches de sa mère, il ne manifeste aucune joie lorsqu'elle revient après une absence, la regarde à peine, se tortille pour descendre lorsqu'il est pris dans les bras. Les enfants évitants se tournent souvent vers des activités autonomes et semble faire preuve de beaucoup d'indépendance, mais on a pu montrer que, contrairement aux enfants à attachement sécurisé, ils ne montraient pas de réelles marques d'intérêt pour les activités pratiquées. Il s'agit donc surtout d'un mode de défense à l'égard de la mère. La troisième et dernière catégorie de la typologie regroupe des enfants dits avec *attachement ambivalent* : le contact physique avec la mère ne déclenche pas de manifestations positives, mais sa rupture entraîne des pleurs ou des grincheries. Le lien de type ambivalent a souvent été expliqué en mettant en avant le manque de consistance, de régularité dans les marques d'affection et d'attention dont fait preuve la mère. Mais on constate aussi une plus forte proportion d'enfants à la constitution fragile dans ce groupe, ayant plus fréquemment présenté des problèmes de santé périnataux par exemple. De manière générale, les enfants avec attachement ambivalent explorent peu et ne s'éloignent guère de la proximité de l'adulte.

Le lien entre attachement et exploration qui peut être observé avec la situation étrange entre 12 et 18 mois présente le remarquable intérêt de prédire les capacités adaptatives ultérieures. Mata, Arend et Sroufe (1978) ont ainsi montré que des enfants présentant un attachement sécurisé à l'âge de 12 mois montraient à 24 mois une plus grande facilité à s'impliquer dans une tâche, davantage de persévérance et de flexibilité dans la recherche de solutions. Les mêmes enfants réexaminés à l'âge de 5 ans par Arend, Gove et Sroufe (1979) se sont montrés plus curieux à l'égard d'une boîte en bois offrant de nombreuses possibilités de manipulations (loquets, compartiments cachés...) et de stimulations tactiles (surfaces diverses). Ils l'ont examinée plus longtemps et l'ont davantage manipulée que les autres enfants. Ces résultats montrent le caractère continu de la qualité de l'adaptation et l'importance fondatrice des premières interactions avec la mère dans le développement ultérieur des compétences.

La mère est le premier objet du monde avec lequel l'enfant humain entre en contact. Tout se passe comme si la relation qui s'établit entre les besoins de l'enfant et les réponses de la mère posait les bases des futures interactions avec l'environnement. Si la relation mère-enfant est harmonieuse, alors le petit d'homme va développer un sentiment de confiance dans sa capacité à contrôler ses besoins et à modifier le cours des évènements de son environnement. Avec les progrès de l'autonomie, cet attachement sécurisé va se transformer en un sentiment d'efficience vis-à-vis du monde des objets. Le développement du sentiment de compétence (tel que le définit White) est soutenu par l'adulte qui partage le plaisir ludique de l'enfant, l'encourage à découvrir et vient à son secours en cas de problème sérieux. A partir de là, les différents problèmes qui surgissent au quotidien peuvent être envisagés comme autant d'occasions de faire preuve de sagacité, d'inventivité et de ressource et seront donc abordés avec enthousiasme et concentration. Cet attrait pour les situations problématiques et cette facilité à aller vers l'inconnu constituent la marque du véritable curieux.

2. L'ATTACHEMENT AFFECTIF ET LE RAPPORT À LA CURIOSITÉ À L'ÂGE ADULTE

L'influence de l'attachement initial se poursuit-elle au-delà de l'âge de 5 ans ? Aucune étude ne le montre. Il est difficile dans les faits de mener des recherches sur des durées plus longues. On perd la trace de certaines familles, d'autres changent de lieu de résidence ou ne sont plus désireuses de coopérer. L'équipe de recherche initiale peut également se dissoudre ou s'être consacrée entre-temps à d'autres problématiques. Les intérêts des enfants changent également et se diversifient davantage, ce qui contribue de toute façon à diminuer l'influence des facteurs initiaux. Difficile donc de tester la continuité de leur effet. On peut, par contre, même s'il s'agit d'une preuve indirecte, chercher à montrer la permanence à différents âges du lien entre type d'attachement et curiosité, chez l'adulte en particulier. C'est ce qu'a testé M. Mikulincer (1997) dans une série de cinq recherches, certaines basées sur des passations de questionnaires, d'autres sur des mises en situation.

Dans un premier temps, il s'agissait de caractériser le mode d'attachement prédominant de chacun des participants. Pour cela, une description type a été proposée qui reprend les caractéristiques principales des trois modes d'attachement décrits chez l'enfant. Chaque adulte devait sélectionner la description qui lui correspond le mieux (bien entendu, pour chaque étude, les descriptions sont présentées sans les étiquettes correspondantes).

a) TYPE ANXIEUX-ÉVITANT : les relations de familiarité me mettent mal à l'aise, je trouve difficile de faire pleinement confiance aux autres et de me placer dans une situation de dépendance vis-à-vis d'eux. Ça me gêne quand quelqu'un devient trop proche. Au plan amoureux, mes partenaires m'ont souvent reproché de ne pas développer une relation de complicité plus chaleureuse à leur égard.

b) TYPE ANXIEUX-AMBIVALENT : je trouve que les autres hésitent à développer des relations aussi proches que je le souhaiterais personnellement. Je me demande souvent si mon (ma) partenaire est réellement amoureux(se) de moi ou si il (elle) ne va pas me quitter. En amour, je veux qu'il existe une très grande proximité au sein du couple, mais parfois cela effraie les gens.

c) TYPE SECURISÉ : cela me semble relativement facile de développer des contacts proches et ça ne me dérange pas de dépendre des autres d'une manière ou d'une autre. Ça m'arrive rarement d'avoir peur qu'on me laisse tomber ou que quelqu'un devienne trop intime avec moi.

La représentation générale de la curiosité est ensuite examinée au moyen de questionnaires. Une caractéristique mentale associée à l'ouverture à la nouveauté, la flexibilité des représentations mentales, est également évaluée (le trait de personnalité correspondant, baptisé *clôture cognitive*, sera présenté plus en détail dans le chapitre suivant). Conformément aux hypothèses dégagées des travaux effectués chez l'enfant, les individus de type sécurisé ont une représentation plus positive de la curiosité et leurs capacités de réorganisation des représentations mentales (flexibilité) sont plus importantes que dans les deux groupes anxieux. La curiosité leur apparaît comme une tendance normale, source de plaisir et d'enrichissement personnel. Elle est acceptée et valorisée sans qu'il y ait recherche de la nouveauté pour la nouveauté. Cette vision contraste avec les résultats obtenus pour les deux autres groupes.

Les adultes caractérisés par une mise à distance des émotions et un évitement des relations de trop grande proximité se décrivent comme moins curieux et sont peu désireux de développer ce trait. Ils associent la curiosité à un désir d'évasion, à un sentiment d'excitation et à des opportunités de contact avec l'environnement. Elle peut éventuellement avoir des conséquences négatives et blesser d'autres personnes. Selon Mikulincer, les sujets caractérisés par la fuite des situations affectives préservent leur sentiment de stabilité du monde en minimisant l'importance des informations nouvelles. Lorsque leur curiosité ne peut être aisément satisfaite, ils évitent la frustration qui pourrait en découler en réorientant leurs centres d'intérêt et en dévalorisant l'objet antérieur de leur intérêt.

Enfin, les participants dont les liens affectifs sont de type ambivalent se disent volontiers curieux mais c'est surtout le sentiment de maîtrise et de contrôle que peut procurer le fait de découvrir des choses qu'ils apprécient. Ils expriment par contre la crainte que la curiosité ne les amène à découvrir des secrets qu'il vaudrait mieux ne pas connaître et les amène ainsi à gâcher des relations sociales auxquelles ils tenaient. Au plan pratique, ce goût annoncé pour la découverte se montre plutôt versatile et ce n'est pas vraiment étonnant puisqu'une ouverture réelle à la nouveauté implique d'être confronté avec l'incertitude et qu'ils la tolèrent très mal. Face à une difficulté inattendue, à une information divergente, on les voit donc facilement renoncer àpoursuivre leur quête d'informations ou se replier sur les données précédemment acquises.

Les résultats de cette recherche montrent que l'on peut retrouver chez l'adulte un parallèle du même ordre que celui qui a été observé chez l'enfant entre la qualité des relations sociales et l'ouverture à la nouveauté, ce qui constitue un argument supplémentaire en faveur de la validité de la théorie de l'attachement. On remarquera toutefois que si la confiance développée dans les situations sociales est associée à un regard globalement positif sur la curiosité et ce qu'elle peut apporter, elle n'affirme pas que les individus capables de développer des liens sociaux sécurisés soient davantage curieux. Ce sentiment de confiance facilite l'exploration de situations nouvelles, il n'implique pas que la curiosité s'affirme, au cours du développement, comme un trait spécifique de la personnalité. L'attachement de type sécurisé pose chez l'enfant les conditions nécessaires pour que la curiosité s'exprime mais il faut encore, pour que celle-ci s'épanouisse, qu'elle soit renforcée et encouragée par différentes expériences positives. C'est ce dont rend compte la théorie de l'apprentissage social.

3. L'INFLUENCE DU MODÈLE PARENTAL

La *théorie de l'apprentissage social* fournit un cadre théorique de portée très générale, pouvant être appliqué à un grand nombre de situations. Voici ce dont il s'agit. Au cours de l'enfance, les différentes actions effectuées par le petit d'homme reçoivent une sanction sociale. Lorsque celle-ci prend la forme d'un encouragement, les actions concernées vont se répéter et augmenter en fréquence. Au contraire, lorsque le jugement social se traduit par de la réprobation, les actions indésirables vont se raréfier, en situation sociale tout au moins. Enfin, lorsque ce sont des manifestations d'indifférence qui succèdent à la réalisation d'une action, celle-ci va en général disparaître, à moins que l'enfant n'y trouve, de son propre point de vue, un réel intérêt. Cette méthode d'ajustement empirique est très utile, mais il existe également un autre moyen, plus économique, de découvrir la bonne manière de se comporter en société. Il suffit de copier le comportement de ceux qui connaissent les règles, c'est-à-dire les adultes. L'imitation sociale est une autre source d'apprentissage social, tout à fait essentielle.

R. Saxe et G. Stollak (1971) ont tenté de définir plus précisément comment s'effectue l'apprentissage social de la curiosité. Ils ont observé pour cela 40 garçonnets de 5 à 6 ans, accompagnés de leur maman. L'étude réalisée s'appuie sur une situation anodine. Il s'agit seulement de passer une heure en compagnie de la mère dans une salle de jeu. Les parents sont prévenus au départ qu'une observation des comportements sera réalisée à travers une glace sans tain. La salle de jeu n'a rien de vraiment particulier, on y trouve des jouets qui sont familiers aux enfants, mais aussi quelques objets plus originaux : un puzzle permettant de composer un grand nombre de visages, des images étranges accrochées au mur, une gerbille dans un vivarium. Les observations et les entretiens réalisés *a posteriori* avec les enfants montrent que ceux qui s'intéressent le plus à ces objets singuliers et disent aimer les choses nouvelles passent davantage de temps à observer et à manipuler. Cette néophilie est très liée à l'exemple donné par l'adulte, ici la mère, qui sert de modèle de référence. La fréquence des questionnements de la part de l'enfant est influencée par deux variables, le niveau culturel de la mère, les mères de condition plus modestes échangent moins fréquemment avec leur enfant via le questionnement, et le type de relation que la mère entretient avec son enfant. C'est lorsqu'un rapport de dépendance et de contrôle mutuel du comportement existe que les questions sont les plus nombreuses. Ce type de relation s'exprime, par exemple, par le refus de la part l'enfant de jouer seul.

Les résultats de Saxe et Stollak ont été repris et complétés par R. Endsley et ses collaborateurs quelques années plus tard (1979). La situation étudiée est très similaire, mais un aménagement judicieux a été ajouté : les objets surprenants (un écureuil naturalisé, une tortue dans du formol, un moulinet...) ne sont plus dispersés dans la pièce mais rangés sur une étagère distincte, ce qui permet plus facilement d'évaluer l'intérêt pour la nouveauté à travers le comportement. Les enfants sont de même âge que précédemment, mais, cette fois, les deux sexes sont représentés. Les comportements observés ne permettent pas de dire que filles et garçons se différencient dans leurs manifestations de la curiosité. Il existe, pour l'ensemble des enfants, un lien direct entre la curiosité qu'ils expriment et les incitations de leurs parents. Les enfants qui se montrent les plus curieux ont des parents qui font eux-mêmes preuve de curiosité et encouragent l'enfant dans ses découvertes (marques d'approbation diverses, réponse à ses questions, direction de son attention vers les objets nouveaux). Précision intéressante : contrairement à la première étude, les marques verbales de la curiosité, c'est-à-dire le questionnement, sont proportionnelles à son expression en acte. L'enfant qui manipule et observe beaucoup pose également beaucoup de questions.

Deux raisons, au moins, permettent de justifier cette différence dans les résultats obtenus. Premièrement, Saxe et Stollak ne distinguent pas le questionnement à propos des objets nouveaux du questionnement en général, ce qui explique la liaison qu'ils observent entre dépendance à l'adulte et questionnement, liaison qui n'est pas retrouvée dans la seconde étude. L'enfant dépendant utilise le questionnement comme un moyen de s'assurer de l'attention que la mère lui porte. Les questions adressées au parent n'ont pas, dans ce cas, pour objectif premier de recueillir des informations manquantes. La seconde raison qui peut être invoquée concerne la nature des échantillons pris en compte. Saxe & Stollak ont sélectionné leurs volontaires au sein de trois zones géographiques différentes (milieu rural, ville de petite taille, campus universitaire), tandis que Endsley et son équipe ont recruté leurs participants parmi les utilisateurs de la crèche de l'université. Les mères possèdent vraisemblablement un niveau d'instruction assez élevé et relativement homogène, ce qui explique l'absence de différences liées au niveau éducatif. On peut donc conclure sur ce point que le questionnement, considéré de manière isolée, ne peut être pris comme un marqueur fiable de la curiosité : en premier lieu, la facilité de l'expression verbale est contingente du niveau culturel des parents et, en second lieu, le questionnement peut revêtir des significations multiples, répondre, par exemple, à un besoin de réassurance ou d'attention. Ces réserves étant faites, on peut néanmoins avancer que, lorsqu'il y a confrontation à la nouveauté, les trois moments de la curiosité, observation distante, manipulation et questionnement, sont bien corrélés entre eux, ce qui montre qu'ils répondent à une même motivation, la recherche d'information.

Malgré les limitations introduites par la méthode d'observation utilisée (les parents se savent observés et présentent en conséquence un comportement conforme aux attentes sociales), les résultats obtenus confirment les prédictions de la théorie de l'apprentissage social : les enfants les plus curieux sont aussi ceux dont les parents valorisent le plus la curiosité à travers leur comportement. Les encouragements prodigués sont discrets et consistent surtout en marques d'attention.

La séquence suivante peut être considérée comme typique. L'enfant, amené par sa mère dans une pièce inconnue, découvre du regard un nouveau terrain de jeu. Il a tôt fait d'identifier au sein de l'espace qui s'offre à lui quelque objet d'intérêt qui l'attire, un petit animal dans sa cage par exemple. Il s'avance pour l'observer de plus près, mais, ce faisant, il jette quand même un rapide regard vers sa maman, restée en arrière. Ce petit coup d'œil est suffisant pour s'assurer de la vigilance de celle-ci tandis qu'il s'apprête à faire une nouvelle expérience. La mère capte ce regard et l'assure de son attention et de son accord par un simple sourire. Par la suite, l'enfant va s'absorber plus longuement dans sa découverte, il va observer l'animal, lui parler, l'inclure éventuellement dans un jeu de son invention. C'est la phase d'approfondissement (chapitre 4). Ce peut être un moment de partage ludique si d'autres enfants sont présents, mais ce peut être aussi une phase d'isolement, d'activité solitaire, exclusivement centrée sur un objet. Lorsque cette activité se prolonge, la mère intervient fréquemment pour rediriger l'attention de l'enfant vers d'autres objets auxquels il ne s'est pas intéressé jusque-là, soit en les désignant, soit en explorant par elle-même. Il est probable que cette opération de désengagement-réengagement de l'attention de l'enfant permette à la mère de rétablir le lien affectif, lien qui passe au second plan lorsque l'attention est tout entière focalisée sur l'objet ou le jeu solitaire. Le petit ne tarde pas en général à répondre aux sollicitations de la maman et se joint à elle pour une nouvelle découverte. On peut, encore une fois, remarquer combien l'exercice de la curiosité s'intègre naturellement au sein des échanges entre le jeune enfant et ses parents. Il en constitue une part importante parce qu'il permet un partage affectif autour de l'étonnement. Ces moments d'interaction apparaissent prisés par l'enfant comme par ses parents.

4. ENCOURAGER LA CURIOSITÉ DANS UN CADRE ÉDUCATIF

Il a surtout été question jusque-là des rapports entre le jeune enfant et ses parents. Dans nos sociétés, le rôle éducatif de la famille est en partie délégué à un autre lieu de socialisation, l'école. Comme la famille, l'école a pour rôle de préparer l'enfant à sa vie future. La grande différence entre l'école et la famille vient du mode de rapport qui s'y tient entre l'enfant et l'adulte. Dans sa famille, surtout aujourd'hui où les fratries sont réduites, l'enfant est l'objet de toutes les attentions. Il occupe une place vraiment centrale et il sait fort bien en profiter. A l'école (et à la crèche pour ceux qui y vont), il en va tout autrement. Il se retrouve mêlé à d'autres enfants du même âge qui présentent avec lui beaucoup de choses en commun. Mêmes petites malices pour séduire et même égocentrisme aussi. Le maître ou la maîtresse se charge de mettre bon ordre à tout cela. La classe est un lieu de socialisation où l'on apprend aussi à coopérer, à tolérer et à s'accommoder du statut moins prestigieux d'élève et de futur citoyen. Même malmenée dans les faits, l'égalité des chances face au savoir reste au cœur du projet éducatif républicain. Cette ambition affichée par l'école est évidemment, dans le cas précis et limité de la curiosité, contrariée par toutes les expériences antérieures de l'enfant qui contribuent largement à modeler son mode de rapport à l'environnement. Lorsque l'enfant arrive à l'école, il possède déjà une manière d'interagir avec les autres et avec le monde physique qui lui est propre et qui s'est constituée sur un fond émotionnel dense. Si le bilan est globalement positif, tout va bien, on a affaire à un petit souriant, tolérant à la frustration, capable de s'impliquer activement dans différentes activités. Le problème est évidemment plus complexe avec des enfants qui arrivent avec un fond d'expériences où dominent les inhibitions ou l'instabilité des repères.

Le pari optimiste des différentes instances éducatives consiste actuellement à miser sur le très fort pouvoir réorganisateur et structurant des expériences émotionnellement positives. Il s'agit, de manière très générale, d'associer étroitement apprentissage et plaisir en entraînant l'enfant sur des terrains peu familiers mais propices à la découverte. La composante affective du savoir aura rarement été considérée avec autant de sérieux qu'au temps présent. Le désir d'apprendre a fait, au cours de la dernière décennie du vingtième siècle, une entrée en force dans le vocabulaire pédagogique. Deux grandes stratégies émergent, chacune spécifique de certains lieux, mais complémentaires par les objectifs qu'elles visent et les contenus sur lesquels elles portent, très souvent des savoirs scientifiques et techniques pour donner des clés de compréhension du monde actuel si fortement marqué par le développement de ces deux domaines.

La première stratégie mise sur la liberté de l'exploration et le plaisir ludique de la manipulation. Un espace magique s'offre au regard, rempli de choses étranges, on peut toucher à tout et apprendre plein de choses en s'amusant. Cette stratégie est utilisée dans les musées pour enfants qui sont, à plus justement parler, des centres de découverte. Le concept de «musée pour enfants» est originaire des Etats-Unis. Il se développe actuellement en Europe. Le Musée en Herbe (Jardin d'Acclimatation, Neuilly sur Seine) et la Cité des enfants (Cité des Sciences et de l'Industrie, Paris) sont deux institutions pionnières du genre en France ; pour la Belgique, on mentionnera le Musée des Enfants (Bruxelles). De manière générale, les centres de découverte ont pour ambition d'encourager l'acquisition de connaissances à travers la découverte, le jeu, l'amusement, la manipulation, l'interaction avec des objets et des gens. Les connaissances concernées ne sont pas uniquement de type scientifique. Il peut s'agir, par exemple, d'initier les enfants à l'idée de diversité culturelle en les confrontant à des objets, des individus et des usages typiques de minorités représentées localement. Il peut s'agir aussi de l'initier au fonctionnement d'une commune ou de le sensibiliser aux dangers domestiques et aux conduites à tenir en cas de péril. De ce point de vue, les centres de découverte facilitent la compréhension du milieu de vie et contribuent à responsabiliser l'enfant (Pearce, 1998).

Dans les musées classiques, les visiteurs sont invités à défiler respectueusement devant des vitrines où sont exposés des objets rares et précieux qui ne livrent d'eux-mêmes que ce qu'ils donnent à voir plus un tout petit supplément d'information mentionné sur le cartel. Miettes dérisoires de savoir qui renseignent à peine sur le thème de l'œuvre, la fonction de l'objet. Les centres de découverte, au contraire, possèdent rarement des collections d'objets précieux, la plupart en sont même complètement dépourvus. On n'y trouve pas non plus de vitrines car la philosophie qui sous-tend leur action est résumée par la formule « please touch » (touchez SVP) pour bien marquer la différence avec un musée traditionnel. Il s'agit, par le biais de dispositifs à manipuler, souvent conçus par l'équipe du centre, de générer chez le jeune visiteur l'étonnement et l'interrogation en le confrontant à une situation surprenante, une donnée inattendue, mais toujours sur un mode ludique.

Miser sur l'enthousiasme et la spontanéité comme facteurs favorisant l'apprentissage nécessite une très bonne analyse des comportements en situation. Etre libre d'aller à sa guise dans l'espace de découverte constitue en soi un plaisir, surtout dans le cadre d'une sortie scolaire. Mais comment choisir ce qu'on va regarder ? Tout paraît tellement attractif. Se concentrer, ce n'est pas seulement réfléchir très fort, c'est aussi sélectionner, dans l'ensemble des possibles, un petit échantillon des choses préférées, petit échantillon sur lequel plus de temps sera passé. On ne peut pas tout voir et tout apprendre en une fois, c'est une certitude, mais il est tout aussi certain qu'on ne peut pas non plus compter sur l'enfant pour s'imposer cette discipline, bien peu d'adultes s'y tiennent d'ailleurs dans les musées. C'est donc les objets eux-mêmes qui, par leur conception, vont devoir retenir l'enfant et orienter son comportement. Ces objets vont devoir aussi suggérer par eux-mêmes un mode d'utilisation pour susciter l'intérêt et, surtout, ne pas induire de situations d'échec ce qui irait à l'encontre des objectifs recherchés.

Le visiteur enfant, contrairement à l'adulte, ne consulte pas les consignes ni les panneaux explicatifs, mais il manipule volontiers et adore répondre aux devinettes. Partant de ce constat, on peut le rendre réceptif à une information textuelle en la présentant sous forme d'énigme à résoudre en manipulant des tirettes, des leviers et autres trappes. Mettre au point un dispositif induisant spontanément le comportement approprié nécessite la plupart du temps une série d'ajustements successifs qui font suite à l'analyse des échecs observés. Dans une expérience sur l'odorat citée par J. Guichard (1998) à propos de la Cité des Enfants, il s'agissait d'inciter des petits à identifier différents échantillons odorants. Lorsque les orifices à renifler étaient disposés à l'horizontale, les doigts étaient introduits à l'intérieur, lorsqu'ils étaient à la verticale, c'était l'œil qui était collé tout contre pour voir dans le trou. Finalement, c'est par le recours à des entonnoirs que le recours à l'odorat a été le plus facilement déclenché.

Les centres de découverte ont été les laboratoires où de nouvelles manières de transmettre la connaissance ont été testées, essayées, corrigées, jusqu'à ce qu'un certain nombre de méthodes permettant de dynamiser le rapport au savoir commencent à émerger. L'école ne pouvait évidemment rester en retrait sur ce point et, aux Etats-Unis encore, des programmes d'éducation scientifique très proches de la démarche « please touch » ont été mis en place dans les années 90 autour du concept fédérateur de « hands on » (les centres de découverte sont également appelés « hands-on museums »). La méthode a été importée en France sous le nom de « main à la pâte » par un groupe d'étude réunie autour de G. Charpak (1996, voir aussi Zana, 1998). Elle se démarque de l'approche ludique des centres de découverte en misant davantage sur l'acquisition de nouveaux savoir-faire intellectuels et moins sur le plaisir ludique de l'exploration. L'expérience positive qui est favorisée ici est principalement l'expérience du succès de la démarche entreprise, l'illumination qui accompagne la compréhension soudaine des données qui faisaient problème. C'est en renforçant le sentiment de compétence intellectuelle que l'élève est valorisé et développe un intérêt pour la réflexion en général, les questions techniques et scientifiques en particulier.

Concrètement, il s'agit de proposer à l'élève différents thèmes de recherche autour desquels il est amené à mettre en place une véritable démarche de scientifique. On lui demande de formuler ses hypothèses à propos d'un phénomène, puis une expérience est réalisée qu'il s'agit d'interpréter. Les hypothèses de départ, le dispositif d'expériences, les résultats obtenus et les interprétations qui en sont tirées sont consignés par l'enfant dans son cahier d'expérience. Le travail de recherche ne se fait pas dans le cadre d'une relation duelle maître-élève mais au sein d'une petite équipe d'apprentis-chercheurs. Ce travail de coopération entre enfants réunis autour d'un même objectif, comprendre le phénomène qui leur est soumis, amène de nombreux bénéfices secondaires. L'enfant s'initie à l'art de la discussion argumentée, apprend à tolérer les divergences d'opinion, pratique la concertation et développe des habitudes pragmatiques face aux problèmes : il s'agit de trouver les conditions qui permettront de progresser. La tenue du cahier d'expériences, qui n'appartient qu'à l'élève, permet aussi un investissement nouveau de l'écrit. Une trace du cheminement intellectuel qui a été suivi doit être gardée de manière à pouvoir y revenir plus tard ou à en faire part aux collaborateurs. Pour la première fois peut-être de la scolarité, ce n'est plus le maître qui juge la qualité du travail, l'enfant se retrouve confronté au regard de ses pairs ou évalue lui-même, *a posteriori*, la qualité des informations transcrites : «On ne comprend rien dans ton dessin», «Tu as écrit quoi là?». C'est à travers ce genre de commentaires désobligeants mais, il faut bien finir par se l'avouer, objectifs, que l'élève est amené à améliorer ses capacités d'expression.

Avoir un but et se donner les moyens de l'atteindre, se sentir tellement impliqué que l'on trouve les moyens de se dépasser, ces deux idées très simples sont probablement les principaux avantages de la démarche «main à la pâte». L'école, trop souvent, demande à l'élève d'acquérir un savoir dont il ne perçoit pas lui-même l'utilité. En le replaçant dans le cadre d'un projet à court terme dont la finalité lui est clairement apparente, on l'invite à une véritable aventure intellectuelle à laquelle il prend rapidement goût.

Au-delà des quelques notions de physique qu'il aura acquise, et qui sont finalement d'un intérêt assez secondaire pour sa vie ultérieure, on lui aura fait redécouvrir l'immense plaisir qu'il peut y avoir à mettre au jour des aspects insoupçonnés de la réalité et à tenter de les appréhender en faisant appel à un peu d'invention et à tout ce qu'on connaît déjà. La joie de la découverte, c'est cet instant délicieux où l'esprit se perd un moment avant de trouver en lui-même suffisamment de ressources pour surmonter l'obstacle. La joie de la découverte, c'est cet instant délicieux où l'esprit et le monde sont pris dans une relation plus étroite qu'à l'ordinaire qui donne le sentiment de vivre enfin la vie telle qu'elle devrait être.

5. DIFFÉRENCES INDIVIDUELLES : LE RÔLE DE LA SOCIALISATION (SYNTHÈSE)

Au cours des premières années, la découverte du monde chez le jeune enfant s'effectue en une série d'étapes déterminée par l'acquisition progressive de la motricité volontaire, de la manipulation fine, de la marche et du langage. Cette homogénéité dans la progression n'implique pas pour autant que tous les enfants soient également curieux. L'intensité et la fréquence des comportements d'exploration sont au contraire très variables. En dehors des facteurs génétiques qui jouent vraisemblablement un rôle important mais dont on peut dire peu de choses, ces différences peuvent être expliquées par les influences reçues lors de la socialisation. Deux théories peuvent servir de cadre aux réflexions sur ce sujet.

La théorie de l'attachement (Bowlby, Ainsworth) fournit un modèle explicatif pour le développement du sentiment de compétence tel que l'a défini White. C'est sur la base des premiers liens entre le bébé et sa mère (la relation d'attachement) que se développe chez l'enfant la confiance dans sa capacité à maîtriser l'anxiété et à dépasser les états de frustration. Cette confiance acquise lui permettra ultérieurement une plus grande facilité d'adaptation à des situations inconnues parce qu'il aura *a priori* la conviction de pouvoir modifier à son avantage le cours des évènements ou de pouvoir se retirer sans réels dommages d'une situation où les choses n'évoluent pas comme il l'attendait. De multiples recherches ont produit des résultats en faveur de ce modèle, y compris chez l'adulte.

L'autre angle d'approche qui a été considéré est celui de l'apprentissage social, théorie selon laquelle, au cours du développement, le comportement du jeune individu va être modelé par des messages sociaux de différentes natures jusqu'à ce qu'il s'ajuste à une norme implicite. L'enfant apprend à moduler l'expression de sa curiosité à travers les marques d'approbation ou de réprobation qu'il reçoit, mais aussi par l'imitation des personnes de son entourage.

Ces deux théories n'expliquent pas la même chose. Elles peuvent apporter des éléments sur ce même sujet qu'est l'importance de la socialisation dans le développement de la curiosité, mais n'interviennent pas au même niveau. L'attachement de type sécurisé facilite la mise en place d'une capacité d'adaptation fluide, mais celle-ci reste d'ordre général. Si elle influence l'expression de la curiosité, c'est de manière indirecte. L'enfant sécurisé explore davantage non pas parce qu'il est plus curieux, mais parce qu'il est mieux armé pour faire face à l'incertitude et à la nouveauté. Il est hardi, fait preuve d'autonomie, mais on ne peut pas dire qu'il présente un goût plus prononcé pour la découverte ou la nouveauté. Il a seulement de bonnes dispositions pour développer cela.

L'influence décisive qui l'amènera à développer véritablement son penchant curieux se jouera *via* les processus d'influence sociale. L'importance que ses parents accordent eux-mêmes à la découverte, à la surprise et à l'étonnement, les encouragements qu'ils lui donnent sur ce point, amèneront l'enfant à aimer faire ce genre d'expérience, à aimer découvrir des choses nouvelles et approfondir celles qu'il connaît déjà. On peut parler en fait d'une véritable mise en culture de la curiosité, initiée par les parents et reprise par l'école. S'ouvrir à une réalité différente ou avoir le désir de s'approprier de nouveaux savoirs, cela n'est pas si naturel. Il faut pour cela être familier de l'investigation personnelle et de la fréquentation du savoir. Sans l'aisance que génère l'habitude d'approfondir et de compléter l'information possédée, sans la connaissance du plaisir qui s'éprouve à surmonter les obstacles et à triompher des énigmes, la curiosité demande un effort bien coûteux et, pour tout dire, décourageant.

En fait, c'est un véritable processus de façonnage social qui s'applique aux processus d'exploration spontanément mis en œuvre par l'enfant. C'est pour cela que l'on peut qualifier la curiosité humaine de «dénaturée». Notre curiosité, si elle partage des fondements communs avec d'autres espèces, échappe en grande partie à l'ordre naturel pour devenir une construction culturelle, une construction qui fait largement appel aux catégories conceptuelles fournies par le langage et culmine dans cette activité inquisitrice de l'esprit que l'on nomme curiosité épistémique.

Chapitre 6
Le monde virtuel des représentations mentales

1. CURIOSITÉ ÉPISTÉMIQUE ET CURIOSITÉ PERCEPTIVE

Les manifestations de curiosité qui ont été évoquées jusqu'à présent étaient plutôt naïves. Les conduites exploratoires de l'animal ou du jeune enfant sont mises en jeu lorsqu'un changement dans l'environnement familier est détecté, que ce changement soit fortuit ou qu'il soit le résultat d'une action antérieure. Il s'agit là d'une partie seulement des manifestations possibles de la curiosité. S'y restreindre dans un premier temps constituait un moyen commode de faire ressortir les similitudes entre l'homme et d'autres espèces. Chez l'adulte, des occurrences de ce type peuvent également être observées. Ce ne sont cependant pas les plus fréquentes, ni celles auxquelles l'on songe en premier.

Imaginez-vous dans un moment où vous faites preuve de curiosité. Laissez venir quelques images, inutile de chercher trop loin. Un ami vous téléphone très excité, il a une bonne nouvelle à vous annoncer mais il préfère attendre vos retrouvailles pour vous raconter. En attendant ce moment, différentes suppositions vous viennent. Mentalement, vous comparez les différentes hypothèses possibles, évaluant la probabilité de chacune et tentant de rassembler les indices qui pourraient conduire à en éliminer certaines. Autre exemple : votre médecin vous recommande une série d'examens médicaux suite à quelques douleurs dont vous vous êtes ouvert à lui. Muni de vos résultats d'analyse, vous revenez le consulter. Au premier abord, il a l'air soucieux, lui si jovial à l'habitude, il regarde à peine les résultats que vous lui présentez et se veut rassurant. Vous ressortez tout de même de la consultation avec un doute. Une fois chez vous, vous regardez les chiffres et les termes qui s'inscrivent en caractères légers sur le papier fin du bilan. A l'aide de votre dictionnaire, vous tentez par vous-même de comprendre ce que signifie tout cela. Peu à peu, l'inquiétude diffuse qui avait initié cette quête s'estompe et, si vous continuez vos recherches, c'est plutôt pour donner de la cohérence à toutes ces informations recueillies sur les cellules sanguines. Il y a là toute une complexité que vous ne soupçonniez pas. C'est encore ici une manifestation de curiosité. Beaucoup d'autres exemples pourraient être cités, mais il est inutile de les multiplier.

Il existe à l'évidence un écart entre l'exploration telle qu'elle se manifeste chez l'animal et le jeune enfant et ce désir d'obtenir de l'information observé chez l'adulte. Cette distinction importante a été soulignée par D. Berlyne, qui propose le terme de *curiosité perceptive* pour désigner l'exploration comportementale d'un changement physique survenu dans l'environnement et réserve celui de *curiosité épistémique* à la recherche d'informations lorsque, pour l'essentiel, celle-ci se joue au niveau abstrait des représentations mentales. Est-il besoin de l'ajouter ? La curiosité épistémique serait propre à notre espèce. W. James, dans le bref passage consacré à la curiosité de ses *Principles of Psychology* (1890), établissait déjà une distinction analogue et remarquait qu'il était difficile de reconnaître les manifestations animales de la curiosité dans ses formes supérieures que sont l'activité scientifique et le questionnement métaphysique. Il insistait à cette occasion sur l'importance des changements introduits dans le fonctionnement cérébral humain par le recours à la représentation, et concluait avec le sens de la formule qui le caractérise : « Le cerveau philosophe répond à une incohérence ou une lacune dans ses connaissances de la même façon que le cerveau musicien répond à une fausse note dans ce qu'il entend » (p. 430).

Notons que James distingue dans sa phrase, sans insister pourtant sur ce point particulièrement important, deux situations inductrices de la curiosité épistémique : le constat d'incohérence. Une idée que nous tenions pour fondée ou une information que nous pensions sûre sont contredites par de nouvelles données, et le constat d'ignorance (lacune), nous ne pouvons répondre à la question posée ou une information nous est tenue cachée. Chacun de ces deux cas a donné lieu à une théorie spécifique de la curiosité épistémique, la théorie du conflit épistémique, développée par Berlyne, et la théorie de l'information manquante (*information gap theory*), proposée plus récemment par G. Loewenstein. Les aspects principaux de ces deux théories seront résumés dans ce chapitre et leur complémentarité sera mise en évidence à travers différents exemples, l'analyse de la recherche scientifique en particulier.

2. LES ÉNIGMES DE BERLYNE

D.E. Berlyne est probablement l'auteur qui s'est le plus intéressé au problème de la curiosité. On lui doit de nombreuses contributions fondamentales dont plusieurs ont déjà été citées dans le cours de cet ouvrage.

Tenant compte des commentaires qui lui étaient faits, des théories adverses qui étaient proposées et des nouvelles découvertes qui voyaient le jour, Berlyne a reformulé à plusieurs reprises ses hypothèses fondamentales. La première version de sa théorie s'inscrit dans le contexte d'une psychologie dominée par le courant *behavioriste*. Il y raisonne avec les concepts dégagés de l'étude de l'apprentissage conditionné chez l'animal de laboratoire. Avec l'émergence du courant *cognitiviste*, à la fin des années cinquante, il assouplit nombre de ses hypothèses, intègre les résultats des travaux sur la restriction sensorielle et s'intéresse davantage à la recherche d'informations chez l'humain adulte. Pour éviter de trop compliquer le propos, je me baserai sur la synthèse théorique qu'il a publiée en 1960.

Berlyne s'est principalement intéressé aux situations dans lesquelles l'organisme est confronté à une stimulation nouvelle, complexe ou surprenante, alors qu'il se trouve en terrain connu. J'emploie la dernière expression à dessein car elle illustre bien, par sa référence cognitive et géographique à la fois, le parallèle que l'on peut établir entre l'homme et l'animal. Ce dernier connaît bien son territoire, il est surpris d'y remarquer des changements ou la présence d'un objet inconnu. La situation de référence choisie par Berlyne pour parler des manifestations de curiosité spécifiques de l'homme constitue un analogue, mais sur le plan des représentations. La curiosité dite *épistémique* (en rapport avec les connaissances) se manifesterait lorsqu'une donnée incompatible avec les connaissances déjà acquises sur un sujet s'impose à l'attention.

Le terme «conflit» permet de désigner l'état induit chez l'homme comme l'animal par cette rencontre déstabilisante avec la nouveauté. On peut décrire cet état comme une combinaison d'excitation (c'est le terme anglais *arousal* qui est utilisé) et de perte de maîtrise qui serait vécue comme aversive et motiverait l'organisme à mettre en œuvre les comportements permettant de rétablir un niveau d'éveil plus modéré. Les conduites associées à la curiosité, l'exploration et la recherche d'informations auraient donc une fonction homéostatique et permettraient de réguler à la baisse la vigilance. D'un point de vue très général, applicable à l'animal comme à l'homme, Berlyne suppose que le seul fait d'approcher la source du conflit, de se familiariser avec elle, permet un apaisement progressif par le simple effet de l'habitude. Il existe toutefois des différences importantes entre notre espèce et les autres animaux, à la fois dans les situations inductrices de «conflits» et dans la manière de négocier ceux-ci.

Pour toute situation déjà rencontrée, l'animal est supposé posséder un répertoire de réponses sélectionnées par l'expérience (on se situe ici dans un cadre strictement *behavioriste* où toute conduite adaptée s'explique par une association entre une situation inductrice et une réponse comportementale). La confrontation à une situation qui combine des éléments connus, mais de manière inédite, génère un conflit car aucune réponse ne correspond exactement. L'intensité de ce conflit varie en fonction de trois paramètres : le nombre de réponses possibles, leur degré d'incompatibilité et la force d'association de chacune des réponses possibles avec la situation. Ce sont les situations de familiarité moyenne qui offrent les probabilités de conflit les plus importantes. En effet, les situations familières ne peuvent pas décontenancer puisque les réponses adaptées sont déjà connues. Il ne peut donc y avoir compétition entre différentes réponses. Quant aux situations complètement nouvelles, elles ne sont associées à rien de déjà connu et sont donc peu productrices de conflit. Il est rare toutefois qu'un animal soit confronté à une situation totalement inconnue, sauf dans les conditions artificielles du laboratoire, lorsqu'on le change brutalement d'environnement par exemple. Ce sont dans ce cas des programmes stéréotypés de fuite ou de recherche d'un abri qui seront mis en jeu. Une fois qu'il se sent protégé, le niveau d'alerte de l'animal diminue graduellement. Il peut alors, à partir de cette base de sécurité, commencer à explorer son nouvel environnement, généralement en effectuant des allers et retours dans un périmètre de plus en plus éloigné de son point de départ. La familiarisation suffit ici à dissiper progressivement la frayeur éprouvée face à la nouveauté. Dans une situation plus naturelle, on peut imaginer disposer un morceau de papier brillant à côté de la mangeoire où un oiseau à l'habitude de venir se ravitailler. Ce petit aménagement transforme la situation habituelle en quelque chose d'inédit, combinaison d'éléments familiers et inconnus (ou connus mais dans un autre contexte, ce qui revient au même). Au moment de la confrontation, l'animal est partagé entre deux impulsions, l'approche, induite par la partie inchangée du décor, et la fuite, suscitée par les reflets et les bruissements du cellophane. Il y a conflit entre deux réponses antagonistes. L'oiseau manifeste une vive excitation, sa conduite est désorganisée. S'enfuir, attendre et se familiariser avec la nouveauté ou approcher et examiner de plus près le papier brillant constituent trois réponses adaptées puisque toutes permettent à l'animal de sortir du conflit et de trouver l'apaisement. Seule la dernière peut cependant être considérée à juste titre comme une manifestation de curiosité.

Pour notre espèce, le conflit peut être non seulement perceptif, comme chez l'animal, mais aussi, et plus souvent, d'ordre épistémique, lorsqu'une décision doit être prise en situation d'incertitude. Berlyne choisit de s'appuyer sur les énigmes et les devinettes pour développer son propos.

Quelles cultures les fourmis pratiquent-elles dans leurs fermes souterraines ?

Si vous n'avez pas la fibre naturaliste, cette question vous laissera peut-être indifférent. Berlyne, qui l'a utilisée dans une de ses recherches, la considère pourtant comme particulièrement à même de provoquer l'intérêt et le questionnement de l'auditeur car elle combine des éléments tous bien connus mais dont l'association parait particulièrement incongrue. Il montre, à partir de cet exemple, comment le conflit conceptuel suscité se transforme, oriente et maintien la curiosité du sujet.

La phrase frappe d'abord par sa bizarrerie car le statut d'insecte et la pratique de l'agriculture s'excluent mutuellement dans l'univers conceptuel du lecteur. Dans un deuxième temps, après examen des connaissances possédées sur les thèmes relatifs, elle pourra être jugée comme absurde. Le contexte sérieux du laboratoire de psychologie peut toutefois laisser supposer que la question doit quand même avoir un sens. Dans ce cas, une activité de génération d'hypothèses sera entamée mais, en l'absence d'éléments complémentaires, le lecteur ne peut pas privilégier l'une ou l'autre des différentes solutions imaginables et il restera perplexe. Il faudrait, pour sortir du conflit conceptuel, qu'il puisse compléter l'information auprès de sources extérieures (encyclopédie, spécialiste des fourmis...), lesquelles pourraient, si la recherche est fructueuse, confirmer que certaines espèces de fourmis mettent effectivement en place dans leur fourmilière les conditions nécessaires à la fructification d'un champignon particulier.

Cette nouvelle connaissance qui vient s'ajouter aux représentations antérieures permet de sortir du conflit conceptuel par la conciliation de deux notions précédemment incompatibles. Il ne s'agit que d'une des issues possibles. Berlyne en suggère d'autres en prenant appui sur les travaux en vogue à la même époque concernant la *dissonance cognitive* et le déséquilibre cognitif (*cognitif imbalance*). Dans les deux cas, les données expérimentales recueillies amènent à supposer que le système cognitif tend à l'harmonisation de ses conceptions et recoure à différentes stratégies pour minimiser les incohérences entre différentes représentations. Le *déni* permet, par exemple, de s'extraire du conflit en ignorant délibérément les idées non congruentes : la phrase est absurde, il doit s'agir d'une faute de frappe, il s'agissait de «fermiers» et non de «fourmis», et voilà, l'affaire est close, la curiosité évacuée. Une autre stratégie, décrite sous le nom d'*étayage* (*bolstering*), consiste à renforcer le poids d'une idée en la complétant d'autres arguments : pourquoi, après tout, les fourmis ne pratiqueraient pas la culture puisque j'ai lu quelque part qu'elles pratiquaient la traite des pucerons. L'étayage vaut évidemment dans l'autre sens et permettrait tout autant de se ranger avec confiance à l'opinion inverse (ce pourrait être par exemple : les plantes ont besoin de lumière, donc il est exclu qu'elles soient cultivées sous terre). On dispose finalement de bien des ressources pour éviter de laisser dériver l'intérêt trop loin au-delà de ce que l'on souhaite. Ces petits arrangements avec les mots nous autorisent des tergiversations autour de l'impulsion curieuse dont ne bénéficient pas nos frères animaux, qui doivent bien s'accommoder, eux, du réel tel qu'il se présente.

3. FAMILIARITÉ ET CONFLIT, PRÉ-REQUIS DE L'INTÉRÊT ÉPISTÉMIQUE

Contrairement à la représentation courante selon laquelle la curiosité serait irrépressible et demanderait impérieusement à être satisfaite, Berlyne l'envisage comme un phénomène labile. Si les conditions idéales qui peuvent y aboutir sont possibles à définir, l'issue en reste toujours incertaine. Manque de persévérance, mauvaise foi, réorientation de l'intérêt constituent autant de freins à l'aboutissement de la quête tout juste initiée. Deux paramètres joueraient un rôle déterminant dans le maintien ou le déclin de l'envie de savoir : la familiarité du contexte et l'intensité du conflit généré par l'incompatibilité de différentes représentations.

L'hypothèse selon laquelle la curiosité est plus vive dans un contexte de familiarité moyenne peut paraître douteuse au premier abord. On pourrait au contraire supposer que plus une situation est loin de ce que l'on connaît, plus elle est susceptible d'intriguer. Berlyne a recueilli des résultats qui vont à l'encontre de cette hypothèse triviale. Dans la recherche déjà citée où toutes les questions portent sur des animaux invertébrés, les questions relatives à des animaux courants (fourmis, étoiles de mer...) intéressent davantage que celles concernant des créatures moins connues (phasmes, ver nématode...). On pourrait souligner à raison que la difficulté à se représenter les créatures correspondantes suffit à expliquer le manque d'intérêt observé chez les lecteurs, mais une étude réalisée par N. Miyake et D. Norman (1979), et publiée sous le titre évocateur «Pour poser une question, on doit en savoir assez pour identifier ce qui n'est pas connu», permet de minimiser la portée de cette objection et de confirmer l'importance de la notion de familiarité.

Dans cette recherche, des étudiants se voient proposés une initiation à un logiciel de traitement de texte par le biais d'un manuel (il faut se souvenir qu'à la fin des années 70, l'utilisation de l'ordinateur restait cantonnée à certains milieux professionnels, les logiciels disponibles étaient par ailleurs d'un maniement bien moins intuitif qu'ils ne le sont actuellement). Le manuel de traitement de texte existe en deux versions, une version pédagogique et une version plus technique. La version pédagogique est destinée aux débutants n'ayant aucune pratique de l'ordinateur. Elle part d'exemples concrets pour aller vers des notions plus générales. La version technique, destinée à des utilisateurs confirmés, introduit d'abord des notions assez abstraites avant de les illustrer par des exemples concrets. Les deux manuels ont été rédigés pour les besoins de l'expérience et se présentent sous la forme de 30 fiches comportant une ou deux phrases. Les participants (tous novices, je le rappelle) sont répartis en deux groupes égaux, l'un se voyant attribuer la version pédagogique du manuel, l'autre la version technique. Dans ces deux groupes, la moitié des étudiants reçoivent un entraînement de moins d'une heure, au cours duquel ils acquièrent la maîtrise de trois commandes (imprimer, insérer une ligne supplémentaire, supprimer un caractère) avec un autre logiciel de traitement de texte. On a donc en tout quatre groupes de 15 personnes, deux groupes d'étudiants initiés, l'un étudiant le manuel pédagogique, l'autre le manuel technique, et deux groupes d'étudiants débutants absolus, l'un se voyant attribuer le manuel pédagogique, l'autre le manuel technique.

La méthode utilisée pour étudier l'appropriation de l'information est classique : il s'agit de penser à haute voix. Les participants doivent découvrir le manuel d'utilisation fiche par fiche, lire chacune des phrases et exprimer à voix haute les idées, les questions, les réflexions qui leur viennent. Dans la mesure où cet exercice peut paraître embarrassant et inhiber de nombreuses personnes, une phase d'entraînement préalable permet aux étudiants de se familiariser avec cette situation et de s'y sentir plus à l'aise.

Les données recueillies montrent que, conformément aux hypothèses des auteurs, les étudiants débutants absolus ont une démarche de compréhension plus active lorsqu'ils sont confrontés au manuel pédagogique, d'accès plus facile, tandis que ceux qui ont bénéficié d'une première expérience avec un autre logiciel sont plus motivés par la lecture du manuel technique. Or, on ne peut pas considérer que dans l'heure de pratique qui leur a été dispensée, les étudiants «initiés» aient eu suffisamment de temps pour acquérir une réelle compétence en traitement de texte. Ils se sont par contre familiarisés avec l'ordinateur et, à travers l'exercice de quelques commandes, ont pu mieux se représenter son mode de fonctionnement. C'est donc bien cette différence de familiarité avec les phénomènes décrits qui doit être invoquée pour expliquer que les deux groupes ne soient pas motivés par le même mode de présentation des connaissances.

Un autre aspect important de la théorie concerne l'importance du conflit intérieur dans la motivation à s'interroger et à rechercher de l'information. Cette hypothèse débouche sur des possibilités d'application *a priori* intéressantes en pédagogie, et c'est effectivement dans ce contexte qu'elle a été testée par N. Lowry et D. Johnson (1981) dans une recherche portant sur des élèves de 10-11 ans. De manière à pouvoir plus facilement manipuler le degré de conflit, celui-ci est extériorisé. De manière très naturelle, il est introduit par la confrontation avec d'autres individus d'opinions différentes, c'est-à-dire par la controverse. Les élèves participent à deux sessions de cinq jours portant sur le travail en coopération. Il s'agit de rédiger un rapport en commun. Chacune des sessions est consacrée à un thème, l'intérêt de l'exploitation houillère la première semaine, l'intérêt de la protection d'animaux dangereux mais menacés comme les loups en deuxième semaine. Les consignes de travail incitent ou pas à la controverse (voir tableau 6.1). Les élèves reçoivent, pour préparer leur compte-rendu commun, un dossier comprenant des documents de différentes natures (coupures de presse, données, extraits d'interviews, etc.). Dans la condition avec controverse, les participants sont divisés en deux camps et reçoivent chacun un dossier différent qui privilégie soit les aspects économiques, soit les aspects environnementaux. Dans la condition sans controverse, l'ensemble du groupe travaille à partir des mêmes documents d'études. Trois semaines après la fin des sessions, le souvenir des informations apprises est testé.

Différentes mesures sont effectuées : test de compréhension, de mémorisation, attitude à l'égard du thème (parti pris environnemental ou économique), opinion concernant la controverse, plaisir éprouvé à traiter les deux thèmes et à travailler avec les autres membres du groupe. Le comportement de recherche d'information des élèves est également pris en compte : nombre de visites à la bibliothèque, nombre de consultations des dossiers en dehors des sessions de travail, présence à la projection d'un film documentaire lors des périodes de récréation. Pendant des sessions de travail en groupe, les observateurs notent également le nombre de fois où un membre du groupe demande à un autre de justifier son point de vue, intègre les idées d'un autre à son propre point de vue ou contribue à apporter de l'information pour alimenter la discussion.

Les résultats obtenus sont très nets. De manière générale, ils montrent que les élèves ont bien respecté les consignes, que les groupes dans la

Tableau 6.1 — Consignes données aux élèves pour la réalisation de leur dossier (d'après Lowry & Johnson, 1981).

Consignes pour le groupe *sans* controverse	Consignes pour le groupe *avec* controverse
1. travaillez en coopération 2. ne vous disputez pas 3. trouvez un compromis si vous ne pouvez pas vous mettre d'accord 4. partagez vos idées	1. il n'y a pas de gagnant ni de perdant 2. tout le monde doit participer 3. écoutez les idées de chacun même si vous n'êtes pas d'accord 4. critiquez les idées, pas les gens qui les avancent 5. énoncez d'abord toutes les idées, ensuite confrontez-les 6. reprenez ce qui a été dit par un autre membre avant de commenter son idée 7. essayez de saisir les différents aspects de la question

condition avec controverse ont développé davantage d'intérêt pour les sujets traités et qu'ils ont favorablement apprécié leurs conditions de travail. Enfin, il est intéressant de remarquer qu'après les sessions, les membres des groupes avec controverse adhèrent davantage que les autres élèves aux opinions qu'ils ont défendues (économique ou environnementale) alors que celles-ci sont variées systématiquement d'un thème à l'autre.

Les auteurs concluent en remarquant que, généralement, les controverses sont jugées négativement et évitées dans le système éducatif : elles aboutiraient à une dégradation des relations interpersonnelles et à des réactions de rejet à l'égard de la discussion d'idées ou du travail en groupe. Les résultats de la recherche présentée montrent au contraire que lorsque des instructions précises sont données sur la manière d'aborder la controverse, cette manière de travailler permet d'aboutir à une expérience plus enrichissante sur le plan humain et sur le plan des connaissances qu'une méthode de travail plus consensuelle.

4. LE PUZZLE DE LOEWENSTEIN

Le curieux de Berlyne est empreint de conservatisme, il se soucie surtout de maintenir la cohérence de son système d'interprétation du monde, menacée par la confrontation éventuelle avec des données non congruentes. Qu'avait-il besoin d'accepter de participer à cette recherche ? Et le voilà en train de s'interroger sur les rapports mystérieux entre fourmis et fermes souterraines... comme s'il n'avait pas d'autres choses plus importantes à penser.

La théorie proposée par Berlyne est cohérente avec de nombreuses données. Elle permet aussi d'établir un parallèle avec ce que l'on sait des conduites exploratoires chez l'animal. Cependant, s'il est un fait qui paraît indéniable à propos du curieux, c'est qu'il cherche à obtenir l'information qui lui manque. Son comportement est finalisé et vise l'atteinte d'un objectif. Or, cet aspect de la question reste complètement au second plan chez Berlyne et ne lui permet pas de rendre compte d'aspects pourtant saillants de la curiosité tel que le fait de coller l'œil à la serrure ou l'oreille à la porte pour espionner ce qui se fait et se dit de l'autre côté. Il n'y a là aucun conflit conceptuel (sauf d'ordre moral éventuellement), juste la supposition qu'une information qui pourrait être importante va (peut-être) être révélée. Que d'incertitude ! Si on est loin du conflit qui heurte de plein fouet les représentations du sujet, on demeure par contre au cœur de la curiosité.

G. Loewenstein a proposé, en 1994, un autre modèle de la curiosité épistémique. La détection d'une lacune dans les connaissances y joue le rôle d'aiguillon de l'intérêt intellectuel par le biais d'un processus de comparaison entre l'état actuel des connaissances, perçu comme insuffisant, et un état de référence que l'on suppose accessible et plus favorable (d'où une forte motivation à l'atteindre). Notre connaissance du monde est évidemment lacunaire, il existe une multitude de thèmes dont nous n'avons aucune idée ou alors juste une vague représentation. L'engagement dans le processus de recherche d'une information manquante répond, dans le modèle proposé par Loewenstein, à trois déterminants : la constatation d'un manque dans les informations possédées, la détermination approximative du type de connaissance qui pourrait venir combler ce manque, ce qui permettra d'orienter les recherches, et surtout le bénéfice que l'on attend de la possession de cette information nouvelle.

Un exemple permettra d'illustrer la manière dont se concrétise le processus mis en œuvre. Supposons qu'on vous ait offert un puzzle et qu'il soit dans vos intentions de mener à bien son assemblage (cette analogie, choisie par Loewenstein, s'impose spontanément à un anglophone : le mot anglais « puzzle » signifie en effet « énigme », de même que « to puzzle » se traduit par « déconcerter »). Sur le couvercle de la boîte, la photo représente un port pittoresque de Bretagne : dans un chenal à l'eau verte, quelques petits chalutiers sont amarrés le long d'un quai de pierre, leurs mats se dressent vers le ciel sombre et nuageux, tandis qu'une percée de soleil illumine les maisons basses, blanches et fleuries qui achèvent de camper le décor. Vous avez étalé devant vous les 500 petites pièces de carton, par où commencer ? Ces pièces sont de formes rigoureusement identiques à l'exception de celles qui se situent sur les marges et qui possèdent un bord rectiligne. Les pièces qui vont dans les coins sont les plus faciles à repérer car elles présentent deux arêtes plates se coupant à angle droit. Vous commencez donc par les coins, cherchant, en vous aidant de la photo, quel type de pièces peut bien aller avec les premières que vous avez isolé. Vous ne procédez pas systématiquement, ce serait trop fastidieux, mais vous allez toujours à la recherche de l'élément le plus singulier, celui dont on peut prédire le motif à partir de l'examen des pièces voisines déjà réunies. Le tour du puzzle n'est pas si facile à compléter, spécialement pour les parties représentant le ciel, nombreuses et peu différentes. Vous réorientez en conséquence votre intérêt vers le centre. Sur la photo, on voit un petit chalutier dont la coque présente une alternance de blanc, de noir et de vert. Déjà trois pièces ont pu être réunies, puis une autre et encore une autre, la progression s'accélère et vous vous sentez comme fébrile, vous délaissez toute la mâture, qui présente un enchevêtrement de filins difficile à reconstituer, pour la cabine. Il ne vous manque plus que deux pièces pour la compléter, la première où il devrait y avoir une petite fenêtre et la seconde avec la porte. Votre œil devient très sélectif, vos mains égrènent les 400 et quelques pièces, et puis ça y est, vous mettez la main sur la première et bientôt voici la seconde. Vous vous sentez d'humeur guillerette et un sentiment de facilité vous envahit... le puzzle est pourtant loin d'être terminé. Plaisir de ces petits passe-temps, mots croisés et autre jeu des 7 erreurs, où la concentration à laquelle on se contraint n'est rien à côté de la satisfaction qu'on retire des difficultés déjà surmontées.

Mots croisés ? Puzzle ? Est-ce là toute la théorie ? Non, mais une métaphore pertinente permet parfois de dérouler toute une séquence d'idées qu'il serait laborieux d'expliquer autrement. Reprenons donc et posons comme postulat de base qu'il existe chez les organismes possédant un système nerveux évolué un besoin inhérent de donner de la cohérence aux informations qu'ils prélèvent dans l'environnement. Ces connaissances acquises sur le monde peuvent rester isolées mais, le plus souvent, elles vont s'associer à quelques autres portant sur un même domaine, petits îlots de savoir sur la grande mer de l'ignorance et des idées confuses. Par intérêt spontané ou par opportunisme, nous nous donnons parfois la peine d'étendre nos compétences dans un domaine, accumulant les données pour former des ensembles plus cohérents, composés de représentations plus finement articulées entre elles, mieux structurées. Imaginez maintenant que vous ayez atteint une compréhension suffisamment claire du fonctionnement de tel ou tel dispositif pour qu'il vous apparaisse avec évidence qu'un seul point vous reste obscur mais ne devrait pas demander trop de recherches supplémentaires. Votre motivation à l'atteindre ne serait-elle pas des plus élevées ? Et à mesure que vous approchez la pleine intelligence du dispositif, ne sentez-vous pas croître l'impatience du but qui approche, puis le sentiment de contentement (voire d'exultation) qui vous envahit lorsqu'il est atteint ?

C'est là, en peu de mots, les principales idées qui caractérisent le point de vue de Loewenstein quant à la curiosité : les lacunes ne peuvent être détectées que lorsque les connaissances sur un sujet donné commencent à s'assembler entre elles, exactement comme les pièces déjà réunies d'un puzzle permettent d'évaluer toutes celles qui manquent encore. La motivation à compléter les informations déjà possédées est particulièrement importante pour les données qui permettent avec le plus de certitude de combler la lacune détectée. De même, dans un puzzle, ce sont les pièces dont le motif est nettement indiqué par les éléments déjà assemblés qui sont le plus activement recherchées. Puzzle, énigmes et autres problèmes... à mesure que l'on s'approche de l'information désirée, l'excitation devient d'autant plus vive que la solution semble proche. Elle atteint son maximum au moment où l'on touche au but et retombe rapidement ensuite. L'apaisement soudain qui accompagne la satisfaction de la curiosité serait ressenti comme agréable et, à ce titre, recherché. Il en va ainsi du lecteur de romans policiers qui s'abandonne au suspense habilement ménagé par l'auteur, voit croître au fil des pages son impatience d'arriver au dénouement et termine les dernières pages le regard un peu vague, un sourire aux coins des lèvres.

La théorie proposée par Berlyne et celle de Loewenstein présentent de nombreuses similitudes mais aussi des divergences fondamentales. Le tableau 6.2 donne un résumé des principales différences dans les conceptions des deux auteurs et fait clairement ressortir les points qui les opposent.

Pour Berlyne, la curiosité est déclenchée par une situation incompréhensible qui désarçonne momentanément le sujet. Cette situation est supposée aversive sur la base de considérations adaptatives (lorsque l'animal est exposé à l'inconnu, il se trouve en situation de vulnérabilité). Il s'agit de rétablir l'équilibre au plus vite. De ce point de vue, les conduites exploratoires qui sont déployées par l'animal ou les opérations intellectuelles mises en jeu chez l'homme répondent à une double fonction régulatrice : elles permettent, au plan physiologique, le retour à un niveau d'éveil modéré et, au plan cognitif, d'améliorer l'ajustement du comportement et des représentations aux données réelles. Dans la mesure où ces conduites amènent l'apaisement, elles sont renforcées et seront utilisées préférentiellement par la suite. D'autres conduites auraient cependant été possibles, la fuite ou l'évitement dans le cas de l'animal, et, pour l'homme, différents mécanismes de protection mentale, qu'il s'agisse du déni du problème ou d'un simple changement de focus attentionnel.

Tableau 6.2 — Résumé des propositions théoriques de Berlyne (1960) et Loewenstein (1994) concernant la curiosité épistémique.

Auteur du modèle	Berlyne (1960)	Loewenstein (1994)
Situation de référence	Confrontation à une question surprenante	Assemblage d'un puzzle
Fonction	Rétablir la cohésion des représentations	Ajouter une information manquante au système de représentation
Motivation	Caractère aversif de l'incertitude	Plaisir suscité par la découverte
Cessation	Progressive en général	Immédiate
Fluctuations supposées du niveau d'éveil		

Pour Loewenstein, par contre, la curiosité est supposée initiée par un processus de comparaison entre les connaissances possédées actuellement et celles qui pourraient être accessibles, auxquelles on n'a pas accès pour le moment, mais qui se laissent quand même circonscrire sur la base de divers indices. Cette comparaison s'effectue dans le cadre de situations bien particulières, les mêmes en fait que celles décrites par Berlyne : confrontation à une question, doutes, incertitudes... Mais la grande divergence vient de la place que Loewenstein laisse à l'appréciation individuelle. L'individu ne réagit pas seulement à une stimulation extérieure comme chez Berlyne, il effectue une analyse de la situation en termes de bénéfices possibles et décide de rechercher activement l'information manquante si un gain suffisant est escompté.

Faut-il donc choisir entre un curieux déstabilisé et un autre opportuniste ? Je ne le crois pas. La curiosité est une passion au sens premier du mot. Parce que sa mise en jeu n'est pas sous le contrôle direct de la conscience mais dépend de l'activité de circuits nerveux à forte composante émotionnelle (chapitre 2), elle est subie par le sujet plutôt que délibérément choisie. Elle peut donc irriter parce qu'elle est perçue comme un moment de dispersion («Mais que de détails minuscules, méprisables, viennent tenter chaque jour notre curiosité!», s'exclame Saint Augustin dans un passage de ses Confessions), déstabiliser parce qu'elle attire l'attention sur les failles du pouvoir d'anticipation, ou au contraire être valorisée parce qu'elle apporte des satisfactions, notamment à travers la reconnaissance sociale (je pense en particulier à ceux dont la recherche est le métier) ou, d'un point de vue plus personnel, en renforçant le sentiment de compétence que l'on peut éprouver dans certains domaines.

5. S'ENTOURER DE CERTITUDES

Dans la théorie défendue par Berlyne, le conflit conceptuel est supposé aversif tandis que l'obtention d'une information recherchée procure de la satisfaction selon Loewenstein. Ces deux propositions sont évidemment tout à fait compatibles, mais il faut encore s'entendre sur lequel de ces deux moments détermine la motivation curieuse : l'anticipation d'une solution ou l'inconfort de ne pas savoir? Il ne peut y avoir de réponse définitive à cette question et, même si ce genre de conclusion est particulièrement frustrant, on est forcé en la circonstance de répondre : «Ça dépend». Toutefois, et c'est déjà beaucoup plus intéressant, on peut préciser de quoi ça dépend. Les recherches psychologiques portant sur l'étude des variations de performance et des différences individuelles sont en mesure d'apporter des éléments de réponse sur ce point. Je m'appuierai, pour commencer, sur la notion de besoin de clôture cognitive (*need for cognitive closure*) développée par A. Kruglanski et D. Webster (1994, 1996). Le besoin de clôture cognitive est défini comme un désir de connaissances définitives sur un sujet donné associé à une aversion vis-à-vis de l'ambiguïté, d'où une double motivation à obtenir les informations indispensables le plus rapidement possible et à éviter leur remise en cause ultérieure. Ce sont là bien entendu des règles de fonctionnement qui constituent une sérieuse entrave à l'exercice de la curiosité, raison pour laquelle il me semble judicieux de s'y arrêter un peu.

Kruglanski et Webster envisagent le besoin de se fermer aux informations nouvelles comme la conséquence d'un processus d'évaluation mettant en balance l'avantage et les désavantages d'un remaniement des représentations actuelles, un point de vue très proche de celui de Loewenstein. On connaît différents paramètres qui renforcent le besoin de clôture. On a pu mettre en évidence, par exemple, que, sous l'effet de l'urgence, lorsqu'un délai impératif doit être respecté et que l'échéance se rapproche, la motivation à se fermer aux informations nouvelles augmente : il s'agit de se décider et vite, il n'y a plus de place pour les tergiversations. Dans des situations où la pression temporelle est moins présente, ce peut être simplement l'effort demandé par la réorganisation des connaissances déjà possédées qui conduira à ignorer de nouvelles données, spécialement si celles-ci sont jugées peu importantes (et on peut supposer qu'elles seront jugées d'autant moins importantes que l'effort demandé par une nouvelle révision est grand). A l'opposé, la crainte d'une décision erronée qui pourrait être lourde de conséquences constitue une forte motivation à rester réceptif à d'éventuelles informations complémentaires. C'est donc à travers le jeu complexe de l'évaluation des bénéfices et dommages liés à l'incorporation d'une nouvelle information que s'ajuste la perméabilité du système cognitif.

Par delà ces différences liées au contexte, on peut aussi se demander dans quelle mesure la facilité plus ou moins grande d'actualisation et de réorganisation des représentations peut être envisagée comme une caractéristique personnelle transposable à différentes situations. Supposer qu'un individu soit toujours ouvert ou fermé à la nouveauté serait évidemment aussi naïf qu'invraisemblable, mais on peut par contre considérer comme plausible qu'il existe des personnes habituellement plutôt à leur aise en situation d'incertitude tandis que d'autres montrent une tendance à préférer les situations bien balisées et sans surprises. Assouplie de cette manière, la notion de « besoin de clôture cognitive » peut être envisagée comme un trait de personnalité plus ou moins affirmé chez tout individu. De manière à pouvoir repérer l'importance de ce trait de manière aisée, D. Webster & A. Kruglanski (1994) ont mis au point un questionnaire composé de 42 *items* (propositions ou questions qui constituent un questionnaire) répartis en 5 rubriques qui renvoient à différents aspects de la clôture cognitive. Un exemple d'item tiré de chacune des rubriques suffit à illustrer leur contenu.

L'application de ce questionnaire facilite le recueil de données sur la manière dont se manifeste cette hypothétique préférence pour les certitudes. On peut supposer, par exemple, que, dans une tâche de jugement où les informations nécessaires sont distillées progressivement, les individus caractérisés par un besoin de clôture cognitive élevé se formeront rapidement une opinion définitive ne prenant en compte que les premières informations reçues. De manière à tester cette hypothèse, Webster et Kruglanski ont imaginé une situation de recrutement fictive. Des renseignements enregistrés concernant le candidat postulant étaient écoutés. Il s'agissait ensuite d'estimer ses chances de réussite dans le poste de direction brigué, la confiance qu'on pouvait lui accorder et différentes qualités professionnelles. Pour la moitié des candidats, la bande enregistrée présentait d'abord des renseignements élogieux : capacité de travail élevé, souci du bien-être des employés, qualité des relations à la clientèle, puis d'autres moins positifs : échec récent d'une négociation commerciale importante, manque d'organisation, difficulté à régler définitivement les problèmes. L'autre moitié des participants recevait en premier les informations négatives.

Tableau 6.3 — Rubriques et exemples d'items composant le questionnaire de «besoin de clôture cognitive» de Webster & Kruglanski (1994).

Rubrique	Exemple d'item
Préférence pour l'ordre et la structure	*Je pense qu'en matière de travail, le fait d'être ordonné et de suivre des règles claires est essentiel au succès.*
Tolérance à l'incertitude	*Je préfère être informé des mauvaises nouvelles plutôt que de rester dans l'incertitude.*
Rapidité des décisions	*J'ai l'habitude de prendre des décisions importantes rapidement et sans crainte de me tromper.*
Préférence pour les situations prédictibles	*Je n'aime pas me lancer dans quelque chose sans savoir ce que je peux en attendre.*
Refus de la remise en cause	*Ce n'est pas dans mes habitudes de demander différentes opinions avant de forger mon propre point de vue.*

Comme attendu, les sujets caractérisés par un besoin de clôture cognitive élevé ont été davantage influencés dans leur jugement par les informations reçues en premier. Ce qui revient à dire qu'ils n'ont pas su ou pas voulu réajuster leurs évaluations initiales en fonction des éléments dont ils ont pris connaissance dans un second temps. La décision trop rapide qui les caractérise en la circonstance ne doit pas amener à les considérer comme moins précis, moins attentifs ou moins autre chose. Ils procèdent de manière différente et c'est tout. En d'autres circonstances, cette manière de fonctionner les aurait avantagés par rapport à des individus qui sont plus indécis et attendent de disposer de nombreuses précisions pour se décider. Une autre recherche des mêmes auteurs montre d'ailleurs que ce trait de personnalité se construit vraisemblablement dans une interaction entre quelques dispositions initiales, disons un penchant, et un contexte qui favorise leur expression et renforce leur importance. La recherche en question comparait deux groupes d'étudiants de même niveau mais d'intérêt professionnel différent : des étudiants en comptabilité et en arts plastiques. Les résultats obtenus montrent que, conformément aux attentes des auteurs, les étudiants comptables présentent un besoin de clôture cognitive plus élevé que les étudiants en arts plastiques, et ceci non seulement sur le score total mais encore sur chacun des items. Sans revenir à l'agaçant problème de la poule et de l'œuf et de qui des deux fut premier, ni tomber dans quelques propos oiseux sur le flou artistique et les esprits tatillons, on peut quand même conclure de là que le milieu dans lequel on évolue, les contraintes auxquelles nous sommes tous astreints en terme de performances professionnelles ou de démonstration sociale, modèlent notre façon de pensée, qu'il s'agisse d'accentuer l'existant ou bien de favoriser l'émergence de dispositions latentes.

6. CULTIVER LE GOÛT DE LA RÉFLEXION

Le besoin de certitude qui conduit à se fermer aux informations nouvelles peut être considéré comme une adaptation, ou plutôt comme un ajustement, entre les dispositions initiales d'un individu et les contraintes du milieu où il évolue. Il semble qu'il en aille plus ou moins de même pour le goût de la réflexion, bien qu'*a priori* ce trait favorise plutôt l'attitude inverse. Pour s'exercer, la réflexion a besoin de matériaux divers qu'elle puisse triturer à son aise, les nouvelles idées aiguisent en général son appétit. Peut-on aimer réfléchir comme on aime remplir des grilles de mots croisés ou assembler des puzzles ? Vraisemblablement oui, bien que les résultats concrets de la première activité soient plus difficiles à mettre en évidence. Ce goût est-il réparti de manière homogène entre les individus ? Probablement non.

De manière à dépasser les limitations du sens commun, J. Cacioppo et R. Petty (1982, 1996) ont mis au point un questionnaire qui permet d'évaluer ce qu'ils appellent «need for cognition», une notion d'abord proposée dans les années 50, qu'ils ont reprise et redéfinie comme «une tendance à s'engager dans l'activité de pensée et à l'apprécier». Il s'agit donc, en fait, et l'examen du questionnaire le montre assez, de ce que l'on appellerait plus banalement le goût de la réflexion. L'idée de besoin est ici privée de toute référence à la physiologie (dans le sens où l'on parle par exemple des besoins alimentaires). La notion de «besoin de penser» traduit l'idée que l'exercice de ses aptitudes au raisonnement peut constituer un but vers lequel tend l'individu et qui, lorsqu'il est atteint, lui apporte du plaisir tandis qu'il devient source de frustration lorsqu'il ne l'est pas.

Tableau 6.4 — Exemples d'items composant l'échelle «need for cognition» (d'après Cacioppo *et al.*, 1996). Dans sa version courte, l'échelle comprend 18 items.

Instructions : Pour chacune des phrases ci-dessous, veuillez indiquer dans quelle mesure la proposition s'applique à vous. Si la phrase ne vous correspond pas du tout, inscrivez le chiffre «1» à gauche de celle-ci ; si la phrase vous décrit parfaitement, inscrivez le chiffre «5». Bien entendu, une phrase peut ne pas vous décrire parfaitement et ne pas être pour autant sans rapport avec vous. Utilisez dans ce cas les chiffres intermédiaires qui correspondent le mieux. Vous utiliserez l'échelle suivante pour répondre : 1 = pas du tout en rapport, 2 = pas vraiment en rapport, 3 = incertain, 4 = pourrait me décrire, 5 = me décrit parfaitement.

1. *Entre deux problèmes, je choisirais le plus compliqué de préférence au plus simple.*
2. *J'aime que l'on me confie la gestion de situations qui requièrent une réflexion approfondie.*
3. *Réfléchir ne correspond pas à l'idée que je me fais des distractions* (cotation inversée).
4. *J'adore les tâches qui impliquent de trouver des nouvelles solutions aux problèmes.*
5. *Découvrir de nouvelles manières de penser ne m'intéresse pas vraiment* (cotation inversée).
6. *J'aimerais que ma vie soit pleine d'énigmes à résoudre.*
7. *L'idée de penser dans l'abstrait me plait.*

L'utilisation de ce questionnaire a permis, en comparant systématiquement les performances de groupes présentant un score élevé ou faible, d'affiner la description de l'amateur de réflexions. Les différences relevées portent principalement sur la manière d'interpréter les informations, de se faire une opinion ou encore d'aborder les problèmes. Les individus caractérisés par un goût prononcé pour la réflexion s'engagent plus volontiers dans une démarche active de construction du sens. Penser leur semble une activité naturelle et nécessaire tandis que les personnes ne partageant pas ce goût la considère plutôt comme un labeur et s'aligneront plus volontiers sur l'opinion d'une personne compétente ou celle du plus grand nombre.

La préférence pour l'effort mental a été mise en évidence dans de multiples tâches dont certaines sont bien peu motivantes. Dans l'une d'elle (Cacioppo & Petty, 1982), il s'agissait d'entourer certains chiffres éparpillés dans une liste interminable, le tout en un temps limité. Ce type de tâche est classique en psychologie, il sert habituellement à évaluer la facilité de mobilisation de l'attention. Deux versions de la tâche étaient comparées, l'une simple (entourer tous les 1, 5 et 7), l'autre plus complexe (entourer les 6 qui ne sont pas précédés d'un 3 ou d'un 8, les 4 qui ne sont pas suivis d'un nombre pair...). Les deux groupes obtiennent un niveau de réussite comparable, mais les individus présentant un score élevé au questionnaire préfèrent la version complexe. C'est l'inverse pour l'autre groupe. Dans la mesure où le bénéfice de cette tâche est strictement nul au regard de l'information acquise, il faut donc supposer que cette différence d'appréciation résulte uniquement du plaisir qu'ont certains sujets, détectés par le questionnaire présenté, à mettre à l'épreuve leurs capacités cognitives, qu'il s'agisse de raisonnement ou de concentration mentale.

D'où leur vient ce goût pour l'effort intellectuel ? On peut, dans le prolongement du chapitre 5, évoquer les influences reçues étant enfant du milieu social. Une enquête menée sur un échantillon étendu d'adultes présentant des niveaux de qualification variés montre en effet l'existence d'un lien entre niveau d'études et goût de la réflexion tandis que d'autres recherches concluent à l'absence de lien entre le questionnaire « need for cognition » et les épreuves d'intelligence. La conjugaison de ces deux résultats suggère d'expliquer le goût de la performance intellectuelle par les encouragements reçus du milieu familial et surtout du système scolaire puisque c'est l'école qui s'impose comme l'institution où, typiquement, le travail assidu et les efforts de compréhension sont récompensés.

7. PRATIQUER LA SCIENCE SELON KUHN

Pour clôturer ce dernier chapitre, il m'a semblé juste de revenir à un domaine qui avait été tenu jusque-là soigneusement à l'écart de notre propos, celui de la curiosité dans la pratique scientifique. Je m'inspirerai pour cela de la description qu'en a proposé T. Kuhn, dans « La structure des révolutions scientifiques », un livre qui a connu rapidement une grande célébrité par l'originalité des hypothèses qu'y étaient présentées. L'ouvrage n'est pas récent, la première édition grand public date de 1962, et elle avait été précédée de publications dans des revues pour spécialistes. Il y a eu depuis de nombreux travaux portant sur l'analyse du métier de chercheur dans la pratique, mais le point de vue adopté par Kuhn sur la science permet, à mon sens, de jeter un éclairage instructif sur les deux modèles de la curiosité épistémique qui ont été présentés, celui de Berlyne et celui de Loewenstein, et de mieux les articuler en les reliant à des enjeux distincts.

Kuhn propose une description du fonctionnement réel de la science en se basant sur des exemples historiques, concernant principalement l'évolution des idées en physique et chimie. Il distingue en fait deux modes d'exercice de l'activité scientifique. Le premier, qu'il intitule *pratique de la science normale*, correspond au travail ordinaire du scientifique. Le second n'intervient que dans des contextes de crise théorique et aboutit à des révolutions scientifiques. Je parlerais surtout de la science normale. Les constructions scientifiques présentent un niveau de précision et de structuration bien supérieur à la pensée courante, elles possèdent des caractéristiques qui ne sont pas généralisables au fonctionnement mental individuel. Détailler le fonctionnement des révolutions scientifiques nous apprendrait peu de choses sur la psychologie de la curiosité.

Qu'est-ce donc que la science normale ? Il faut observer tout d'abord que l'ensemble de la démarche de recherche est guidé par un cadre théorique. Observer ne suffit pas, le recueil de faits bruts aboutit, en l'absence de cadre d'interprétation préalable, à un fatras d'anecdotes inutilisables. Certaines de ces données sont certes susceptibles de donner matière à une ébauche de théorie, mais beaucoup renvoient également soit à des phénomènes d'une grande complexité qui ne seront compris que beaucoup plus tard, soit à des erreurs de jugement (quand ce ne sont pas purement et simplement des fables, considérez par exemple l'Histoire Naturelle de Pline et sa nombreuse descendance médiévale). Un cadre théorique préalable aux observations est donc nécessaire pour faire œuvre de science. Il est transmis à l'étudiant lors de sa formation, sous la forme de lois, de principes de raisonnement et d'exercices qui l'initient progressivement à tout ce qu'il doit connaître pour devenir un scientifique acceptable. Il ne s'agit pas tant de règles explicites que de savoir-faire et de tournures d'esprit façonnés par la mise en pratique, par la tutelle et l'imitation de scientifiques chevronnés. Lors de son apprentissage, c'est donc une certaine vision du monde que l'on transmet à l'étudiant, vision qui comprend une définition de ce qu'est le monde (pour un physicien, un chimiste, un astronome, etc.), de comment il fonctionne, des méthodes qui permettent d'interroger le réel et des problèmes qui restent à résoudre. Cette vision d'ensemble de la réalité considérée d'un certain angle, Kuhn l'appelle un paradigme, le paradigme est la vision du monde que partagent les chercheurs d'une même communauté et sur laquelle ils s'appuient nécessairement dans l'élaboration de leur recherches.

Contrairement au préjugé commun, Kuhn fait remarquer que la science n'a pas pour but de mettre en lumière des phénomènes nouveaux et que les scientifiques n'ont pas non plus pour fonction première de proposer des nouvelles hypothèses. L'activité normale de la science consiste plutôt à mieux articuler et étendre le pouvoir prédictif de ce corpus de méthodes et de connaissances qui constitue le paradigme en montrant comment il peut améliorer la compréhension de différents résultats. Trois types de problèmes sont abordés par la science normale : l'affinage des techniques de recueil des données considérées comme pertinentes dans le cadre du paradigme, les tentatives d'amélioration de la concordance entre les faits recueillis et la théorie, l'approfondissement de la théorie en définissant de manière plus précise certaines de ses propositions. A partir de là, Kuhn définit la motivation du scientifique : « Trouver une voie neuve pour parvenir à ce que l'on prévoit et cela implique la résolution de toutes sortes d'énigmes sur les plans instrumental, conceptuel et mathématique. Celui qui réussit se révèle être un expert pour la résolution de ces énigmes et le défi posé par l'énigme constitue une part importante de sa motivation » (p. 62). Un peu plus loin, il ajoute : « Ce qui l'aiguillonne, c'est la conviction que, si seulement il est assez habile, il réussira à résoudre une énigme que personne encore n'a résolue, ou résolue aussi bien. Bon nombre des plus grands esprits scientifiques ont consacré toute leur attention sur le plan professionnel à des problèmes de ce genre. La plupart du temps, c'est la seule tâche qui s'offre dans n'importe quel domaine spécialisé, ce qui ne diminue en rien sa fascination pour ceux qui s'y adonnent » (p. 64).

Cette manière de décrire l'activité scientifique correspond très exactement au modèle proposé par Loewenstein, car ce n'est pas tant l'information qui est à découvrir qui est importante, la théorie permet déjà de la prédire pour l'essentiel, que la performance nécessaire pour arriver au résultat. Et il en va bien de même pour l'amateur de puzzles. Même s'il ne sait pas précisément ce que représente la pièce qui lui manque, ce n'est pas là ce qui lui importe, non, la jouissance qu'il tire des différentes énigmes qu'il résout vient de la confirmation qu'il a, chaque fois, de l'efficience de son processus de recherche. La science normale, selon Kuhn, fonctionne sur le même principe. Le but du chercheur est de se singulariser par la résolution d'énigmes qui le conforteront, d'une part, dans l'estime que lui portaient déjà ses pairs. Il fait preuve d'adresse dans l'usage des codes de production du savoir définis par la communauté de chercheurs à laquelle il se rattache, mais aussi lui permettront d'augmenter, par ses travaux, le pouvoir explicatif du paradigme partagé par cette même communauté. Il s'agit, dans tous les cas, d'une mise à l'épreuve de la sagacité, récompensée par l'arrivée au but, l'obtention du résultat souhaité qui consacre l'efficacité des efforts consentis.

Le progrès scientifique n'est cependant pas linéaire, hormis les périodes de cumul des résultats au sein d'un même cadre de référence, périodes qui ont été définies comme l'exercice normal de la science. Il y a bel et bien émergence, parfois, de nouvelles théories, plus puissantes, plus complètes : des révolutions scientifiques. Comment s'opère un tel changement ? Schématiquement, le processus débute par le repérage d'une anomalie par un ou plusieurs chercheurs. Quelque chose ne se passe pas comme prévu, un résultat que le paradigme ne permettait pas d'attendre est obtenu. Les anomalies sont fréquentes dans le processus de recherche. Il n'est pas nécessaire, en général, de s'y arrêter. Le paradigme n'explique pas tout mais il explique déjà beaucoup et c'est le plus important. A trop s'arrêter sur les détails incohérents, il serait impossible de bâtir la moindre vision d'ensemble. La grande confiance que les chercheurs accordent à leur paradigme de référence suffit à expliquer les négligences et les résistances qui sont parfois constatées face à un nouveau résultat. Cette attitude est justifiée d'ailleurs. Dans la majorité des cas, le problème signalé reçoit ultérieurement une solution satisfaisante, compatible avec le cadre du paradigme, ou alors quelques aménagements *ad hoc* permettent de conserver l'essentiel de la structure en sacrifiant un petit nombre de lois annexes. Toutefois, cela ne suffit pas toujours. Lorsque l'anomalie apparaît comme fondamentale, un intérêt puissant se mobilise alors autour du phénomène repéré. Il va s'agir, au travers d'expérimentations multiples, de mieux le cerner. De nombreuses hypothèses explicatives vont être aussi proposées, qui dévient plus ou moins du paradigme de référence. Dans l'intervalle qui sépare la constatation des insuffisances du paradigme ancien et la proposition d'un nouveau cadre de référence, plus satisfaisant, la communauté concernée par la découverte traverse une période de crise que les chercheurs les plus impliqués peuvent ressentir profondément. Comme les artistes dans une phase créatrice, ils doivent être capables, nous dit Kuhn, de « vivre dans un monde disloqué », un monde aux repères incertains, dominé par l'incertitude, où l'esprit doit trouver en lui-même les ressources pour synthétiser en un tout cohérent les données auxquelles il est confronté. Cette seconde manière de pratiquer la science, caractérisée par l'échec du système d'anticipation que constitue le paradigme, dominée par le doute, l'incertitude et la nécessité de remanier en profondeur les systèmes explicatifs, mène aux révolutions scientifiques. Elle présente aussi une grande analogie avec le modèle du conflit cognitif proposé par Berlyne.

8. LE MONDE VIRTUEL DES REPRÉSENTATIONS MENTALES (SYNTHÈSE)

Pour nous, adultes, qui sommes depuis longtemps familiers de notre environnement de vie, les surprises perceptives ne sont pas si fréquentes. De temps en temps, un bruit étrange mobilise notre attention et nous cherchons à en connaître la source, ou c'est l'entrebâillement d'une porte qui attire notre regard au cœur de cet espace privé dont une fraction nous est offerte, mais il s'agit là de curiosités éphémères. Nous passons notre chemin, de peur d'être jugé insistant. Si l'origine du bruit n'est pas trouvée, on pourra y revenir plus tard. Beaucoup plus nombreuses sont les occasions où notre esprit, au détour d'une conversation, lors d'une émission de télévision, de la lecture d'un article de journal, se laisse surprendre par une donnée nouvelle qui l'intéresse et qu'il retiendra. Il s'agit seulement d'une donnée. Comme son nom l'indique, son obtention ne demande pas d'efforts. Toutefois, elle peut susciter le désir d'en savoir plus et susciter la mise en place de cette démarche active de recherche d'informations et de réorganisation des représentations que l'on appelle curiosité épistémique. Deux cas peuvent être distingués. Soit cette donnée nouvelle surprend parce qu'elle est inattendue et oblige à reconsidérer tout un ensemble de choses que l'on croyait pourtant fondées, soit elle attire parce qu'elle laisse supposer l'existence d'informations insoupçonnées jusque-là, mais qu'il serait intéressant de s'approprier. Les modèles correspondants ont été développés par Berlyne et Loewenstein.

Lorsque la curiosité est motivée par une divergence entre ce que nous croyons savoir et l'information recueillie, il s'agit d'une mise en échec du système de représentations. Nous découvrons finalement les limites de nos connaissances et nous sommes confrontés à une erreur d'appréciation. Berlyne suppose que l'état d'incertitude qui est induit sera perçu de manière générale comme plutôt désagréable et que nous serons donc désireux de le faire cesser par différents moyens, ce qui correspond, en d'autres mots, au besoin de clôture cognitive («need for cognitive closure»). Au contraire, lorsque les nouveaux indices dont nous disposons laissent entrevoir la possibilité d'obtenir par différents expédients des éclaircissements sur un point auquel nous attachons de l'importance, c'est notre convoitise qui est excitée. Braver un interdit par curiosité tombe exactement dans cette catégorie : nous supposons à l'avance que là où il y a mystère, il y a quelque chose d'important à apprendre, et nous avons toujours une petite idée sur ce que ce pourrait être. Les manifestations ludiques de l'effort mental telles que la lecture de romans à énigmes, la réalisation de puzzles ou d'autres casse-tête rentrent également dans ce cadre. La motivation habituelle des scientifiques serait également de cet ordre : selon Kuhn, l'important pour un chercheur n'est pas tant le résultat qu'il obtient, aussi important soit-il, que le plaisir d'être le premier à l'obtenir en respectant les règles de production du savoir définies par sa communauté scientifique. En parvenant au but qu'il s'était assigné, le chercheur tire plaisir de la confirmation qu'il reçoit de sa sagacité et de la justesse de ses anticipations. C'est ce qui renforce son goût de la réflexion («need for cognition»).

Les différences entre ces deux cas de figure sont suffisantes pour que l'on puisse parler de deux manifestations distinctes de la curiosité, l'une associée à la prise de conscience des limites du système de représentations, l'autre au plaisir ludique et à la confirmation de l'efficience. Elles sont cependant intimement liées car la joie que l'on associe à l'exercice de la pensée et à la découverte permettra plus facilement de se confronter à l'incertitude, tandis que les remaniements successifs du système de représentations renforcent son efficacité et contribuent indirectement à accroître le sentiment d'efficience. On retrouve ici, avec une formulation à peine différente, des relations de même nature que celles déduites de l'étude d'autres espèces.

L'être humain a, aujourd'hui, le grand avantage d'être un animal civilisé, invité d'emblée à partager un univers conceptuel à la construction duquel il n'a pas participé. C'est ce qui explique la sophistication de ses systèmes de représentations et les formes élaborées que prend chez lui (chez nous) la recherche d'information. Cachées dessous cette complexité, l'observateur averti peut cependant retrouver, dans les formes cultivées de la curiosité, les articulations fondamentales de l'effort de connaissance tel qu'il se manifeste à l'état de nature.

Un essai de curiosité comparée (synthèse générale)

> « If there is novelty in this essay, it lies in putting together pieces which are not in themselves new. They already lie before us on the table, and perhaps by looking once more we can see how to fit them into a larger conceptual picture. »
>
> R.W. White (1959), *Motivation reconsidered*

Un des enjeux poursuivi à travers cet essai était de mieux comprendre la fonction de la curiosité et les facteurs qui influencent son expression en essayant de dégager, sur la base de données scientifiques issues de différents domaines (éthologie, neurologie, psychologie du développement, de la personnalité...), un cadre d'analyse suffisamment général pour permettre une comparaison entre notre espèce et d'autres animaux. Cette démarche peut surprendre. Elle est cependant justifiée si nous admettons, d'une part, l'appartenance biologique de notre espèce au règne animal et, d'autre part, l'explication des opérations intellectuelles par cet organe de la pensée qu'est le cerveau. Ces deux préalables acceptés, il paraît logique de penser que, puisque nombre d'espèces animales possèdent un cerveau et que notre propre cerveau dérive par mutations successives de cerveaux moins sophistiqués, on peut s'attendre à ce que certaines des manifestations de notre fonctionnement mental, la curiosité notamment, soient déjà présentes, au moins sous une forme rudimentaire, chez de nombreuses espèces. Trouver des points de comparaison chez les autres animaux présente aussi l'intérêt de pouvoir juger de l'essentiel et de l'accessoire dans l'ensemble des conduites associées à la curiosité. Le cadre d'interprétation qui a été dégagé n'est pas généralisable à toutes les espèces animales mais s'applique à celles qui sont dites néophiles. Il peut être résumé en cinq propositions.

Proposition 1 : La recherche d'informations sur le milieu est une activité à finalité adaptative

Outre les besoins physiologiques, nécessaires au maintien du bon fonctionnement du corps (respirer, s'alimenter et s'abreuver) et ceux qui renvoient à la nécessité de conservation de l'individu (se sentir en sécurité) ou de l'espèce (se reproduire), il existe une recherche permanente d'informations sur les caractéristiques du milieu de vie. Une des recherches de Forkman sur les gerbilles de Mongolie illustre cette idée. Deux plateaux identiques sont proposés aux animaux. Ils sont couverts d'un même nombre de ces graines dont se nourrissent les gerbilles. La seule différence entre les deux plateaux réside dans leur surface. L'un présente une surface noire et unie sur laquelle les graines sont très apparentes tandis que la surface de l'autre, également noire et unie, a été recouverte de sciure et de fragments d'écorce, ce qui complique la détection des graines. Les gerbilles passent plus de temps sur ce deuxième plateau : leur activité n'est donc pas seulement à finalité alimentaire. Elle se double d'une exploration de leur environnement et d'une recherche de maîtrise de celui-ci dans ses aspects complexes, sources d'incertitude.

Cette recherche d'informations répond à une finalité adaptative : pour des espèces confrontées à un environnement changeant où les points d'eau, les réserves de nourriture, les frontières du territoire sont amenées à être modifiées et redéfinies, la mise à jour fréquente des informations sur le milieu constitue un atout précieux qui augmente la probabilité que les autres besoins puissent être remplis avec succès.

Proposition 2 : La curiosité présuppose un système d'anticipation et de prédiction

L'existence d'un système d'anticipation est attestée par la sensibilité à la nouveauté de nombreuses espèces. Cette réaction à la nouveauté se manifeste même dans des conditions très artificielles et peu motivantes pour l'animal puisque Wünschmann est parvenu à la mettre en évidence avec des motifs abstraits chez des carpes et des poissons rouges maintenus en aquarium (chez seulement quelques représentants des deux espèces prises en compte, il est vrai). Or, la nouveauté n'existe pas par elle-même, elle se définit par la divergence constatée entre les perceptions actuelles et les attentes préalables. En d'autres mots, lorsqu'un animal se montre sensible aux changements survenus dans son environnement, il faut lui supposer l'existence d'une capacité à l'anticipation qui se fonde sur des traces d'expériences antérieures conservées en mémoire. La confrontation des attentes et des perceptions aboutit souvent à des réactions émotives tant chez l'homme que chez d'autres espèces : manifestations de frayeur lorsque les perceptions sont sans rapport avec ce qui était attendu, dépit lorsqu'un résultat escompté n'est pas obtenu, excitation motrice lorsque les attentes sont confirmées.

Proposition 3 : La diversité des expériences vécues facilite l'appréhension de la nouveauté

Inglis a proposé un modèle de l'anticipation qui articule émotivité et diversité des expériences accumulées. Le postulat de base de ce modèle est que le monde n'est rassurant que lorsqu'il est connu. La confrontation à la nouveauté est génératrice d'anxiété parce qu'elle signifie qu'à ce moment précis, le monde prend un cours imprévisible. Trop de nouveauté engendre inévitablement la fuite. L'approche et l'exploration ne sont possibles que lorsque la nouveauté est relative, c'est-à-dire compatible avec les expériences déjà stockées en mémoire. Pour les individus qui vivent dans un environnement monotone, les interactions engagées avec le milieu sont peu variées, régulières et prévisibles. Le système d'anticipation est donc très fiable et une confiance importante lui est accordée. Les rares mises en échec de ce système conduiront à un stress particulièrement important et à la fuite dans la majorité des cas. Au contraire, pour les individus accoutumés à un milieu complexe et changeant, les opportunités d'interactions nouvelles sont beaucoup plus nombreuses, une grande variété d'expériences est mémorisée. Le système d'anticipation fonctionne sur un mode uniquement probabiliste car plusieurs alternatives sont envisageables pour la plupart des situations rencontrées. La confiance accordée aux prédictions est donc relative, ce qui facilite l'appréhension de situations nouvelles. Elles seront analysées et mémorisées en référence aux situations proches déjà rencontrées par le passé. L'exploration permet d'approfondir les ressemblances et les différences par rapport à ce qui était déjà connu, des remaniements seront éventuellement apportés au système d'anticipation en fonction des nouveaux acquis. Le modèle du conflit épistémique développé par Berlyne constitue une application de ce fonctionnement très général à la curiosité humaine dans ses manifestations les plus complexes. Ce modèle, tout comme celui de Inglis, postule une relation entre la richesse de l'expérience et la capacité d'appréhension de la nouveauté : la nouveauté est assimilable à condition que la situation rencontrée présente une certaine proximité avec ce qui est déjà connu. Les travaux menés autour du concept de «besoin de clôture cognitive» (Webster et Kruglanski) laissent également supposer que la fréquentation habituelle de situations à la fois variées et complexes facilite la tolérance à l'incertitude.

Proposition 4 : La possibilité d'agir sur le milieu en vue de le modifier fait l'objet d'une attention particulière

Pour les espèces qui naissent biologiquement immatures, la recherche de compétence est une motivation essentielle qui permet une familiarisation progressive avec le milieu de vie pendant la période juvénile. White définit la compétence comme la capacité à agir efficacement sur l'environnement (le terme d'efficience serait d'ailleurs préférable). Cette capacité se fonde sur quatre préalables (Bruner) : une attention spéciale portée aux changements du milieu qui succèdent à une action, l'interprétation des liaisons action-changement en terme d'effet, la répétition de l'acte afin de vérifier la réalité de l'association relevée, l'existence de capacités d'anticipation et de mémorisation, indispensables pour mener à bien cette séquence. Le phénomène de *contra free loading* chez l'animal montre combien l'acquisition d'un nouveau savoir-faire permettant d'agir sur l'environnement est prisée. Je rappellerai brièvement la remarquable expérience mise en place par Forkman où les gerbilles de Mongolie préfèrent s'alimenter en exerçant une compétence nouvellement acquise mais coûteuse en efforts (soulever le couvercle de boîtes de Petri pour y prendre une graine), plutôt que d'aller piocher sans peine dans un bol contenant une grande quantité de ces mêmes graines. Pour interpréter ce comportement de l'animal, j'ai été amené à supposer qu'il en retirait un bénéfice direct sous la forme d'une satisfaction, la satisfaction de constater l'efficacité de son action et la confirmation de ses attentes : il y avait bien une graine sous le couvercle. La recherche d'efficience et la capacité à anticiper peuvent être envisagées comme deux facettes d'une motivation plus générale orientée vers la maîtrise des évènements qui surviennent au sein du milieu.

Proposition 5 : L'initiative de l'exploration augmente avec la confiance dans l'efficacité de l'action

L'exploration de situations inconnues est facilitée par la confrontation antérieure à un milieu complexe (Inglis), mais aussi par l'expérience répétée de l'efficacité des actions entreprises. La confrontation à l'échec diminue au contraire l'initiative comportementale. C'est ce que traduit le concept de résignation apprise (*learned helplessness*, Seligman). Des rats préalablement soumis à des chocs électriques inévitables apprennent moins vite que des rats naïfs comment ils peuvent éviter des chocs électriques dans une nouvelle situation (en sautant dans un compartiment voisin ou en appuyant sur un levier, selon les expériences). Les animaux traumatisés montrent une grande passivité et semblent avoir perdu la capacité d'initiative qui les amènerait à explorer leur environnement et à trouver ainsi une solution pour échapper à la douleur suscitée par les chocs électriques. Cette diminution des activités exploratoires spontanées n'est pas spécifique des situations apparentées à la situation traumatique initiale. Les rats traumatisés découvrent également moins vite que les rats naïfs comment obtenir une récompense alimentaire en introduisant le museau dans un trou après un signal lumineux. La confiance dans l'efficacité de l'action apparaît fragile, menacée par des échecs qui peuvent avoir des retentissements importants sur la capacité à prendre l'initiative d'agir. Dans des cas plus favorables où les ressources propres ont permis à plusieurs reprises de dépasser une situation problématique, la persévérance sera accrue et différentes stratégies essayées jusqu'à l'obtention d'une solution.

Pour le couple parental humain, la protection du bébé contre les situations de détresse et sa confrontation progressive avec des situations adaptées à ses possibilités d'intervention constituent des priorités. Le bébé est à sa naissance complètement dépendant et, pendant les premiers mois, la nature de ses besoins doit être devinée à partir de la gamme réduite de signaux qu'il est en mesure d'émettre. La disponibilité des adultes, l'attention constante qu'ils portent aux signes comportementaux émis par le bébé et l'adéquation des soins qui en résulte permettront à l'enfant de construire au fil des expériences un sentiment de confiance dans sa capacité à résoudre les états d'inconfort qui parfois l'indisposent. Cette confiance dans les ressources propres permet d'endiguer efficacement l'anxiété suscitée par la situation de dépendance et de vulnérabilité. Elle forme la base de la capacité d'adaptation future (*théorie de l'attachement*, Bowlby).

Après avoir repris de manière synthétique les points de convergence qui justifient que l'on puisse parler de manifestations de curiosité à propos de différentes espèces animales, on peut revenir sur les aspects qui sont au contraire spécifiques de l'homme. L'enfant humain présente, dans ses premières années, des modalités d'exploration de son environnement très proches dans leur déroulement de ce que l'on observe chez les animaux néophiles. Dans la suite de son développement, par contre, on voit progressivement émerger une forme plus complexe de curiosité dite épistémique parce qu'elle porte principalement sur la recherche de sens, l'enrichissement des représentations et leur harmonisation. Cette évolution se superpose au développement général de l'intelligence et il ne s'agit pas ici de revenir sur ces grandes fresques développementales magistralement brossées par Piaget, Wallon et quelques autres. Mais, pour ce qui concerne plus spécifiquement le thème de la curiosité, trois éléments peuvent être cités qui contribuent à faciliter le glissement de la curiosité perceptive à la curiosité épistémique. Ce sont : la stimulation précoce des capacités d'anticipation, l'accès à une quantité d'informations énorme qui dépasse largement le cadre de l'expérience individuelle, la valorisation sociale de l'effort intellectuel et du plaisir de la découverte. Ces trois points sont développés brièvement ci-dessous.

Proposition 6 : Chez l'homme, les capacités d'anticipation sont stimulées précocement

Le bébé se familiarise avec son milieu de vie dans un contexte social et ludique. Il existe, dans notre espèce, un amalgame étroit entre l'échange affectif, la stimulation de l'attention et la recherche d'effets lors des interactions avec le nourrisson. Les premiers jeux consistent en stimulations vocales, visuelles et gestuelles qui s'organisent spontanément en courtes séquences ritualisées. Cette régularité permet à l'enfant, dans un premier temps, de développer des attentes quant au déroulement de la séquence. Un peu plus tard, il pourra y participer plus activement et chercher à en moduler les effets. Enfin, dans une troisième étape vers la maîtrise, il pourra prendre l'initiative de ces échanges ludiques et inviter l'adulte à jouer avec lui. Les objets s'intègrent très tôt à ces séquences d'échanges et sont souvent le prétexte à des alternances de disparitions et réapparitions. On peut considérer ces jeux ritualisés comme une éducation précoce des capacités d'anticipation : les attentes sont souvent confirmées, parfois trompées sans toutefois que cela soit source d'anxiété. Au contraire, la surprise devient prétexte à rire.

Proposition 7 : Chez l'homme, la compréhension de l'environnement s'appuie sur un modèle culturel élaboré

Pour les espèces dont la plasticité cérébrale et comportementale est importante, la possibilité d'anticiper sur le déroulement d'un évènement est tributaire de l'expérience individuelle. L'homme constitue une exception à cette règle car de nombreux modes de transmission culturelle de l'information (la parole, l'écrit, l'image...) lui permettent d'accéder à la connaissance d'évènements et de situations totalement en dehors de son champ d'action quotidien. Il faut aussi rappeler l'avantage immense que fournit le langage sur ce plan : chaque concept acquis permet de découper la réalité en unités chargées de sens au sein de la culture à laquelle on appartient. C'est en fait une grille d'interprétation du monde prête à l'emploi que chacun de nous acquiert en quelques années. C'est là un effort personnel bien mince pour assimiler le modèle de compréhension du monde élaboré patiemment par tant de générations successives. On connaît quelques exemples de transmission culturelle chez l'animal mais, en l'absence de langage, ceux-ci se limitent à des transmissions de savoir-faire (le plus souvent en relation avec l'exploitation de ressources alimentaires spécifiques).

Proposition 8 : Chez l'homme, dans certains contextes, l'effort autonome de compréhension est encouragé socialement

L'encouragement éducatif à la quête autonome de savoir est une pratique récente et plutôt spécifique des modèles éducatifs à l'occidentale. La curiosité n'a pas toujours été bien considérée. Le monde chrétien, à la suite de Saint Augustin, la condamne comme un vice qui entrave le bon exercice des facultés spirituelles. Cette opinion perdure tout au long du Moyen Age. La curiosité, parce qu'elle est liée au mythe du péché originel, est synonyme de désobéissance et de culpabilité. Les éducateurs du XIXe siècle la réprouvent encore en majorité. Il faut attendre le siècle suivant pour que des réformateurs de la pédagogie (Decroly, Dewey, Freinet...) lui reconnaissent un rôle positif dans l'apprentissage.

Actuellement, les activités de découverte sont encouragées dans le cadre familial par des parents qui valorisent la curiosité (les modalités de cette transmission sont détaillées par la théorie de l'apprentissage social) et, hors du cadre familial, par différentes institutions à vocation pédagogique (dont l'école évidemment). Les incitations reçues encouragent le goût de la réflexion et le développement d'un véritable plaisir de la découverte. Lorsque l'expérience de la curiosité a été perçue comme une source potentielle d'enrichissement et de satisfaction, elle devient activement recherchée et pourra devenir une caractéristique stable de la personnalité (c'est le concept de «need for cognition» au sens de Petty et Cacioppo, la dynamique sous-jacente est explicitée par le modèle de l'information manquante de Loewenstein).

Malgré l'existence chez certains de ce goût de la découverte qui peut être considéré comme une caractéristique stable de la personnalité, l'idée qu'il existe une diminution de la curiosité au cours de la vie est assez répandue. Ce préjugé tire peut être sa source du fait que les manifestations de curiosité chez l'adulte soient moins apparentes que chez l'enfant. Il faut tenir compte en réalité du passage à des formes plus abstraites de la curiosité qui sont habituellement envisagées comme de la réflexion ou une activité de documentation. Il n'existe pas, à ma connaissance, d'étude bien documentée sur l'évolution de la curiosité avec l'âge. D. Görlitz (1987) rapporte avoir, avec quelques étudiants, disposé une cage remplie d'automates animaux dans différents lieux publics. Les réactions des passants ont été enregistrées et il semblerait au contraire que les plus de 50 ans témoignent beaucoup plus ouvertement de leur curiosité que les 20-50 ans. Cependant, si l'on se penche vers le monde animal, des observations réalisées chez de nombreuses espèces (Glickman et Sroges) rejoignent l'opinion commune. Ainsi, les jeunes corbeaux sont enclins à se saisir de tout élément jamais rencontré auparavant, mais cette néophilie très affirmée cesse vers l'âge de un an. Les corbeaux adultes se montrent plutôt méfiants à l'égard des objets inconnus (Heinrich).

Les travaux de Renner sur les ratons laissent supposer que cet engouement pour la nouveauté chez le jeune animal répond à un déterminisme biologique : que le milieu d'élevage soit carencé en stimulation, standard ou enrichi en opportunités d'expériences, les jeunes rats montrent la même appétence pour l'exploration (celle-ci prend cependant des formes différentes). Le mécanisme sous-jacent pourrait être en rapport avec le besoin d'activité qui serait alors plus élevé dans les premiers temps de la vie, au moins chez les espèces considérées comme néophiles. Les expériences de confinement montrent que l'ennui et la restriction de l'activité entraînent un accroissement des impulsions motrices par un effet de *rebond comportemental*. Ce besoin se manifeste chez l'animal à tout âge par des activités peu spécifiques qui peuvent prendre la forme de l'exploration chez l'animal libre de ses mouvements. Il s'agit de l'exploration dite *diversive* parce qu'elle ne poursuit aucun but précis sinon la recherche d'interactions avec le milieu. Sa fonction serait, à travers un déploiement d'activités, de réguler à la hausse le niveau d'éveil de l'organisme (théorie de l'optimum de stimulation). Cette gratuité de l'action, associée au besoin d'exercice, évoque directement les activités ludiques (courses, saut, chahut...) observables chez de nombreux jeunes mammifères, dont l'enfant humain. La recherche de Wood-Gush et Vestergaard sur la réaction à la nouveauté des porcelets fournit un exemple d'activité ludique chez l'animal, se traduisant par une excitation sans objet qui s'épuise dans des galopades, grognements et bousculades. Chez l'enfant humain, le jeu représente une activité importante qui prend des formes différentes selon l'âge atteint. Chez les plus petits, ce sont les stimulations sensorielles dispensées par l'objet qui seront privilégiées, les plus grands mettront en scène des histoires complexes, inspirées de la vie quotidienne ou librement imaginées. A chaque âge correspondent des intérêts spécifiques qui sont fonction des acquisitions déjà réalisées. Le cycle exploration-jeu chez l'enfant a été modélisé par différents auteurs. Dans les modèles proposés, l'ennui constitue un préalable à la recherche de distraction. C'est en cherchant quelque chose à faire qu'un objet jusque-là négligé sera remarqué. La curiosité est activée et l'attention se focalise alors sur cette découverte dont l'enfant, par le biais de la manipulation, cherche à tirer différents effets. L'intérêt pour cette exploration se prolonge plus ou moins longtemps mais débouche en général sur une phase de jeu où l'objet est intégré à différentes activités (Hugues, Voss et Keller ; ce schéma est directement applicable à l'animal, revenez, par exemple, à la description du jeu chez le corbeau par Wünschmann). Ainsi que le remarque White, la plupart des occurrences de l'exploration chez l'enfant prennent place dans des moments de jeu et de distraction. On peut ajouter que l'exploration se pratique aussi, très souvent, au sein d'un univers familier, la maison, le jardin des grands-parents... Ces environnements déjà connus et donc rassurants sont propices à l'émergence d'un certain ennui qui facilite le déploiement d'initiatives variées (pas toujours heureuses d'ailleurs...). Pour résumer cette première hypothèse, on peut donc dire que les jeunes de différentes espèces présentent des caractéristiques communes : l'importance de l'activité motrice et ludique, la fluctuation rapide de l'intérêt et la susceptibilité à l'ennui. L'association de ces caractéristiques entre elles rend assez vraisemblable l'idée que la curiosité juvénile réponde à un besoin d'activité et de stimulation plus important que chez l'adulte (ce besoin d'activité plus important chez le jeune pourrait être expliqué par des particularités de la production et du métabolisme de la dopamine, voir Morgan & Finch, 1988 ; l'importance des circuits à dopamine dans la motivation de l'action et plus spécialement de l'exploration a été examinée au chapitre 2).

Une hypothèse complémentaire peut être envisagée pour rendre compte du déclin de la propension à l'exploration au cours de la vie, en faisant appel cette fois à un point de vue plus cognitif. Glickman et Sroges signalent, pour différentes espèces, l'existence de différences qualitatives dans les stratégies exploratoires en fonction de l'âge : les investigations par contact direct (approche, examen sensoriel, manipulation) se raréfient avec la maturité, remplacées par des observations à distance. Ces changements suggèrent qu'avec l'accumulation de données sur l'environnement, l'examen direct ne soit plus indispensable, la base d'expériences maintenue en mémoire fournissant suffisamment de points de comparaison pour permettre l'assimilation des données nouvelles à des éléments déjà connus. Cette interprétation présente l'avantage d'être facilement transférable à l'humain et j'ai rappelé à ce propos la maladie imaginaire inventée par James, *l'old fogyism*, une maladie qui frappe jeunes et vieux et se traduit par une rigidité conceptuelle qui ne permet plus d'avoir réellement accès à la nouveauté parce qu'elle est toujours ramenée à de l'ancien. Le trait de personnalité *clôture cognitive* proposé par Kruglanski & Webster en constitue une transcription assez fidèle dans le registre des «études sérieuses» sur la personnalité. Pour demeurer dans un cadre applicable à l'homme ainsi qu'à d'autres espèces, on peut remarquer que la période juvénile correspond à une phase de découverte du milieu pendant laquelle s'effectuent les apprentissages fondamentaux, tandis que le reste de la vie consiste en une exploitation des connaissances accumulées dans un contexte par ailleurs routinier. Chez l'enfant, le monde redevient une source d'étonnement à chaque nouvelle grande conquête : la maîtrise du balayage oculaire permet de se familiariser avec de nombreuses propriétés visuelles de l'espace environnant, ce qui n'est déjà pas si mal, mais le développement de la saisie manuelle permet de renouveler complètement cet intérêt pour le monde. Une révolution de même importance intervient ultérieurement avec la marche quadrupède, puis la marche debout. Ces deux aptitudes ouvrent encore un nouveau champ de conquête, la construction de représentations mentales de l'espace où s'effectue les déplacements. Le monde de l'enfant est donc entièrement réinventé à plusieurs reprises mais, une fois que tout cela est défriché, ce qui reste à découvrir relève du détail. Notre espèce bénéficie quand même sous cet angle d'un avantage remarquable. La maîtrise d'un langage et l'invention de supports d'information largement diffusables autorisent un approfondissement de l'univers des représentations tout au long de la vie. Néanmoins, dans tous les cas, les grandes lignes du comportement sont déterminées de manière définitive à l'âge adulte et les contraintes adaptatives du quotidien relèvent de la routine. Le milieu de vie devient d'autant plus facile à prédire que les intérêts se restreignent à ce qui est directement utile. Chez le jeune, ils étaient plus ouverts, en particulier parce que l'environnement servait de prétexte à jouer. Nous nous retrouvons alors dans une configuration similaire à celle qui est observée chez les rats élevés en milieu carencé du modèle de Inglis : notre système d'anticipation est très performant au quotidien, une grande confiance lui est accordée, mais, en contrepartie, l'ouverture à la nouveauté et l'implication dans des tâches inhabituelles deviennent plus difficiles. C'est la rançon nécessaire du confort qu'il y a à vivre dans un monde d'où la complexité et l'incertitude ont été progressivement écartées.

Il serait pourtant erroné de déduire des considérations précédentes que la curiosité disparaisse nécessairement avec la vieillesse. Il semble, au contraire, que son maintien puisse favoriser la longévité. Dans une étude récente menée sur un échantillon de plus de 2.000 personnes des deux sexes, âgées de 65 ans en moyenne, et suivies pendant 5 ans, il a été montré que les individus les plus curieux présentent un taux de survie de 30 % supérieur aux autres (Swan & Carmelli, 1996). Les auteurs interprètent ce résultat en invoquant une meilleure capacité à s'adapter à de nouvelles conditions de vie, qu'il s'agisse de déménager pour un nouvel endroit ou de réaménager son emploi du temps en tenant compte de nouvelles conditions de vie. Dans cet essai, c'est précisément cette fonction d'adaptation a des milieux différents qui a été attribuée à la curiosité pour justifier son émergence et son développement au cours du processus de l'évolution naturelle.

Références

Alberts, B. et al. (1999). *L'essentiel de la biologie cellulaire*. Paris : Flammarion.

Arend, R., Gove, F.L. & Sroufe, L.A. (1979). Continuity of individual adaptation from infancy to kindergarten : A predictive study of ego-resiliency and curiosity in preschoolers. *Child Development*, 50, 950-959.

Berlyne, D.E. (1960). *Conflict, Arousal, and Curiosity*. New York : Mc Graw-Hill.

Cacioppo, J.T. & Petty, R.E. (1982). The need for cognition. *Journal of Personality and Social Psychology*, 42, 116-131.

Cacioppo, J.T., Petty, R.E., Feinstein, J.A. & Jarvis, W.B.G. (1996). Dispositional differences in cognitive motivation : The life and times of individuals varying in need for cognition. *Psychological Bulletin*, 119, 197-253.

Cassidy, J. (1986). The ability to negotiate the environment : An aspect of infant competence as related to quality of attachment. *Child Development*, 57, 331-337.

Charpak, G. (1996) *La main à la pâte. Les sciences à l'école primaire*. Paris : Flammarion.

Cowan, P.E. (1985). Exploration in small mammals : Ethology and ecology. In J. Archer & L. Birke (Dirs), *Exploration in animals and humans* (p. 147-175). UK : Van Nostrand Reinhold Ltd.

Dumas, G. (1900). *La tristesse et la joie*. Paris : Félix Alcan.

Endlsey, R.C., Hutcherson, M.A., Garner, A.P. & Martin, M.J. (1979). Interrelationships among selected maternal behaviors, authoritarianism, and preschool children's verbal and nonverbal curiosity. *Child Development*, 50, 331-339.

Forkman, B. (1993). *The gathering and use of information in foraging*. Thèse de troisième cycle, Département de Zoologie, Université de Stockholm.

Freud, S. (1987). *Trois essais sur la théorie sexuelle*. Traduction française de Ph. Koeppel. Paris : Gallimard (édition allemande originale, 1905).

Gibson, E.J. (1988). Exploratory behavior in the development of perceiving, acting, and the acquiring of knowledge. *Annual Review of Psychology*, 39, 1-41.

Glickman, S.E. & Sroges, R.W. (1966). Curiosity in zoo animals. *Behaviour*, 26, 151-188.

Görlitz, D. (1987). Exploration in an every day context : Situational components and processes in children and adults. In D. Görlitz & J. Wohlwill (Dirs). *Curiosity, Imagination, and Play. On the development of spontaneous cognitive and motivational processes* (p. 106-125). Hillsdale, NJ : Lawrence Erlbaum Associates.

Greenberg, R. (1990a). Ecological plasticity, neophobia, and resource use in birds. *Studies in Avian Biology*, 13, 431-437.

Greenberg, R. (1990b). Feeding neophobia and ecological plasticity : A test of the hypothesis with captive sparrows. *Animal Behaviour*, 39, 375-379.

Guichard, J. (1998). Adapter la muséologie aux enfants. In B. Schiele & E.H. Koster (Dirs). *La révolution de la muséologie des sciences* (p. 207-247). Lyon : Presses Universitaires de Lyon.

Habib, M. (1989). *Bases neurobiologiques des comportements*. Paris : Masson.

Hoffmann, H. (1994). *Der Struwwelpeter*. Munchen : arsEdition (édition allemande originale 1846).

Hughes, M. (1986). Exploration and play in young children. In J. Archer & L. Birke (Dirs). *Exploration in animals and humans* (p. 230-244). UK : Van Nostrand Reinhold Ltd.

Inglis, I.R. (1986). Towards a cognitive theory of exploratory behaviour. In J. Archer & L. Birke (Dirs). *Exploration in animals and humans* (p. 72-116). UK : Van Nostrand Reinhold Ltd.

Jaenicke, C. & Ehrlich, A. (1972). Effects of animate vs inanimate stimuli on curiosity behavior in Greater Galago and Slow Loris. *Primates, 23*, 95-104.

James, W. (1890). *The Principles of Psychology. Volume II*. New York : MacMillan.

Kruglanski, A.W. & Webster, D.M. (1996). Motivated closing of the mind : « Seizing » and « Freezing ». *Psychological Review, 103*, 263-283.

Kuhn, T.S. (1983). *La structure des révolutions scientifiques*. Traduction française de L. Meyer. Paris : Flammarion (édition anglaise originale, 1962).

Leroi-Gourhan, A. (1964). *Le geste et la parole. II. La mémoire et les rythmes*. Paris : Albin Michel.

Loewenstein, G. (1994). The psychology of curiosity : A review and reinterpretation. *Psychological Bulletin, 116*, 75-98.

Lorenz, K. (1984). *Les fondements de l'éthologie*. Paris : Flammarion (édition originale allemande, 1978).

Lowry, N. & Johnson, D.W. (1981). Effects of controversy on epistemic curiosity, achievement, and attitudes. *The Journal of Social Psychology, 115*, 31-43.

Markowitz, H. & Aday, C. (1998). Power for captive animals. Contingencies and nature. In D.J. Sheperdson, J.D. Mellen & M. Hutchins (Dirs). *Second nature. Environmental enrichment for captive animals* (p. 47-58). Washington, DC : Smithsonian Institution Press.

Matas, L., Arend, R.A. & Sroufe, L.A. (1978). Continuity of adaptation in the second year : The relationship between quality of attachment and later competence. *Child Development, 49*, 547-556.

Mayr, E. (1974). Behavior programs and evolutionary strategies. *American Scientist, 62*, 650-659.

Mc Reynolds, P. (1962). Exploratory behavior : A theoretical interpretation. *Psychological Reports, 11*, 311-318.

Mikulincer, M. (1997). Adult attachment style and information processing : Individual differences in curiosity and cognitive closure. *Journal of Personality and Social Psychology, 72*, 1217-1230.

Miyake, N. & Norman, D.A. (1979). To ask a question, one must know enough to know what is not known. *Journal of Verbal Learning and Verbal Behavior, 18*, 357-364.

Morgan, D.G. & Finch, C.E. (1988). Dopaminergic changes in the basal ganglia : A generalized phenomenon of aging in mammals. *Annals of New York Academy of Sciences, 515*, 145-160.

Morris, D. (1964). The response of animals to a restricted environment. *Symposia of the Zoological Society of London, 13*, 99-118.

Mounoud, P. (1983). L'évolution des conduites de préhension comme illustration d'un modèle du développement. In XVIIIe Symposium de l'APSLF. *Le développement dans la première année*. Paris : Presses Universitaires de France.

Nicol, C.J. (1987). Behavioural responses of laying hens following a period of spatial restriction. *Animal Behaviour, 35*, 1709-1719.

Nuttin, J. (1985). *Théorie de la motivation humaine*. Paris : Presses Universitaires de France.

Olds, J. & Milner, P. (1954). Positive reinforcement produced by electrical stimulation of septal area and other regions of rat brain. *Journal of Comparative Physiological Psychology, 47,* 419-427.

Panksepp, J. (1982). Toward a general psychobiological theory of emotions. *The Behavioral and Brain Sciences, 5,* 407-467.

Pearce, J. (1998). *Centres for imagination and curiosity. When is a museum not a museum?* Gulbenkian Foundation Report.

Piaget, J. (1977). *Le langage et la pensée chez l'enfant.* Neuchâtel : Delachaux & Niestlé (édition originale 1923).

Piaget, J. (1976). *La naissance de l'intelligence chez l'enfant.* Neuchâtel : Delachaux & Niestlé (édition originale 1936).

Renner, M.J. (1987). Experience dependent changes in exploratory behavior in the adult rat (Rattus norvegicus) : Overall activity level and interactions with objects. *Journal of Comparative Psychology, 101,* 94-100.

Renner, M.J. (1990). Neglected aspects of exploratory behavior. *Psychology, 18,* 16-22.

Renner, M.J. & Rosenzweig, M.R. (1986). Object interactions in juvenile rats (Rattus norvegicus) : Effects of different experiential histories. *Journal of Comparative Psychology, 100,* 229-236.

Richelle, M. (1993). *Du nouveau sur l'esprit ?* Paris : Presses Universitaires de France.

Saxe, R.M. & Stollak, G.E. (1971). Curiosity and the parent-child relationship. *Child Development, 42,* 373-484.

Schuhrke, B. (2000). Young children's curiosity about other people's genitals. *Journal of Psychology and Human Sexuality, 12,* 27-48.

Seligman, M. & Maier, S. (1968). Failure to escape traumatic shock. *Journal of Experimental Psychology, 74,* 1-9.

Seligman, M., Rosellini, R. & Kozak, M. (1975). Learned helplessness in the rat. *Journal of Comparative and Physiological Psychology, 88,* 542-547.

Simon, H. & Le Moal, M. (1985). Influence des neurones dopaminergiques du mésencéphale sur les processus d'attention et d'intention. *Psychologie Médicale, 17,* 939-945.

Swan, G.E. & Carmelli, D. (1996). Curiosity and mortality in aging adults : Collaborative study group. *Psychology and Aging, 11,* 449-553.

Trevarthen, C., Hubley, P. & Sheeran, L. (1975). Les activités innées du nourrisson. *La Recherche, 56,* 447-461.

Vauclair, J. (1992). *L'intelligence de l'animal.* Paris : Seuil.

Vincent, J.D. (1986). *Biologie des passions.* Paris : Odile Jacob.

Voss, H.G. & Keller, H. (1986). Curiosity and Exploration : A program of investigation. *The German Journal of Psychology, 10,* 327-337.

Walsh, S., Bramblett, C.A. & Alford, P. (1982). A vocabulary of abnormal behaviors in restrictively reared chimpanzees. *American Journal of Primatology, 3,* 315-319.

Webster, D.M. & Kruglanski, A.W. (1994). Individual differences in need for cognitive closure. *Journal of Personality and Social Psychology, 67,* 1049-1062.

White, R.W. (1959). Motivation reconsidered : The concept of competence. *Psychological Review, 66,* 297-333.

Wood-Gush, D.G.M. & Vestergaard, K. (1991). The seeking of novelty and its relation to play. *Animal Behavior, 42,* 599-606.

Wünschmann, A. (1963). Quantitative Untersuchungen zum Neugierverhalten von Wirbeltieren. *Zeitschrift für Tierpsychologie, 20,* 80-109.

Yhuel, I. (1993). En pays de connaissance. In N. Czechowski (Dir.) *La curiosité. Les vertiges du savoir* (p. 34-49). Paris : Autrement.

Zana, B. (Dir.) (1998). *La main à la pâte. Sciences et technologies à l'école. Bilan de deux ans d'expérimentation.* Paris : Delagrave et Versailles : CRDP.

Table des matières

Pour justifier la curiosité 7

Première partie
LA QUÊTE DE SAVOIR À L'ÉTAT DE NATURE

Le Corbeau, le Rat des villes et le Rat des Champs 13

Chapitre 1
Le goût de la nouveauté 15
1. Curiosité humaine et exploration animale 15
2. La néophilie des corbeaux néophytes 18
3. Darwin et les espèces plastiques 20
4. Néophobie ou la théorie de l'épouvantail 22
5. Un rat qui se méfie est un rat qui survit 24
6. A pas prudents, une curiosité ménagée 27
7. Le goût de la nouveauté (synthèse) 30

Chapitre 2
L'aiguillon de la curiosité 33
1. Le curieux ne répond pas à un instinct mais à un besoin 33
2. Le besoin d'activité 34
3. Des remèdes à l'ennui dans les zoos 37
4. Des porcelets en quête d'inédit 39
5. S'enquérir des modifications intervenues dans le milieu 42
6. La recherche active d'informations 45
7. Olds et Milner à la recherche du plaisir 48
8. Se préparer à l'action avec l'hypothalamus latéral 51
9. L'aiguillon de la curiosité (synthèse) 54

Chapitre 3
La capture du monde 57
1. Le cerveau à l'école du monde 57
2. Le partage de la curiosité : poissons et oiseaux 58
3. Le partage de la curiosité : reptiles et mammifères 62
4. La complexité du milieu, la structure du système nerveux et la forme des comportements 64
5. Construire une grille d'interprétation du monde 68
6. Les dures leçons de l'expérience 72
7. La capture du monde (synthèse) 75

La quête de savoir à l'état de nature (synthèse de la première partie).. 77

Deuxième partie
LA CURIOSITÉ MISE EN CULTURE

La curiosité humaine : une vieille histoire 85

Chapitre 4
Développement des modes d'interaction avec le monde 87
1. La curiosité chez l'enfant, quelques précisions préalables 87
2. Les débuts de l'observation 90
3. Les débuts de la manipulation 93
4. Les débuts du questionnement 96
5. Découvrir, jouer, s'ennuyer : les temps de la curiosité 101
6. La compétence selon White 104
7. Développement des modes d'interaction avec le monde (synthèse) 107

Chapitre 5
Différences individuelles : le rôle de la socialisation 109
1. L'influence du mode d'attachement 110
2. L'attachement affectif et le rapport à la curiosité à l'âge adulte 112
3. L'influence du modèle parental 114
4. Encourager la curiosité dans un cadre éducatif 117
5. Différences individuelles : le rôle de la socialisation (synthèse) 122

Chapitre 6
Le monde virtuel des représentations mentales 125
1. Curiosité épistémique et curiosité perceptive 125
2. Les énigmes de Berlyne 126
3. Familiarité et conflit, pré-requis de l'intérêt épistémique 130
4. Le puzzle de Loewenstein 133
5. S'entourer de certitudes 138
6. Cultiver le goût de la réflexion 141
7. Pratiquer la science selon Kuhn 143
8. Le monde virtuel des représentations mentales (synthèse) 146

Un essai de curiosité comparée (synthèse générale) 149

Références 159

CHEZ LE MÊME ÉDITEUR

PSYCHOLOGIE ET SCIENCES HUMAINES
collection publiée sous la direction de MARC RICHELLE

1 Dr Paul Chauchard : LA MAITRISE DE SOI. *9ᵉ éd.*
7 Paul-A. Osterrieth : FAIRE DES ADULTES. *21ᵉ éd.*
9 Daniel Widlöcher : L'INTERPRETATION DES DESSINS D'ENFANTS. *13ᵉ éd.*
11 Berthe Reymond-Rivier : LE DEVELOPPEMENT SOCIAL DE L'ENFANT ET DE L'ADOLESCENT. *13ᵉ éd.*
22 H.T. Klinkhamer-Steketée : PSYCHOTHERAPIE PAR LE JEU. *4ᵉ éd.*
24 Marc Richelle : POURQUOI LES PSYCHOLOGUES? *6ᵉ éd.*
25 Lucien Israel : LE MEDECIN FACE AU MALADE. *5ᵉ éd.*
26 Francine Robaye-Geelen : L'ENFANT AU CERVEAU BLESSE. *2ᵉ éd.*
27 B.F. Skinner : LA REVOLUTION SCIENTIFIQUE DE L'ENSEIGNEMENT. *3ᵉ éd.*
29 J.C. Ruwet : ETHOLOGIE : BIOLOGIE DU COMPORTEMENT. *3ᵉ éd.*
38 B.-F. Skinner : L'ANALYSE EXPERIMENTALE DU COMPORTEMENT. *2ᵉ éd.*
40 R. Droz et M. Rahmy : LIRE PIAGET. *7ᵉ éd.*
42 Denis Szabo, Denis Gagné, Alice Parizeau : L'ADOLESCENT ET LA SOCIETE. *2ᵉ éd.*
43 Pierre Oléron : LANGAGE ET DEVELOPPEMENT MENTAL. *2ᵉ éd.*
45 Gertrud L. Wyatt : LA RELATION MERE-ENFANT ET L'ACQUISITION DU LANGAGE. *2ᵉ éd.*
49 T. Ayllon et N. Azrin : TRAITEMENT COMPORTEMENTAL EN INSTITUTION PSYCHIATRIQUE
52 G. Kellens : BANQUEROUTE ET BANQUEROUTIERS
55 Alain Lieury : LA MEMOIRE
58 Jean-Marie Paisse : L'UNIVERS SYMBOLIQUE DE L'ENFANT ARRIERE MENTAL
59 Jacques Van Rillaer : L'AGRESSIVITE HUMAINE
61 Jérôme Kagan : COMPRENDRE L'ENFANT
62 Michel S. Gazzaniga : LE CERVEAU DEDOUBLE
64 X. Seron, J.L. Lambert, M. Van der Linden : LA MODIFICATION DU COMPORTEMENT
65 W. Huber : INTRODUCTION A LA PSYCHOLOGIE DE LA PERSONNALITE. *7ᵉ éd.*
66 Emile Meurice : PSYCHIATRIE ET VIE SOCIALE
67 J. Château, H. Gratiot-Alphandéry, R. Doron et P. Cazayus : LES GRANDES PSYCHOLOGIES MODERNES
68 P. Sifnéos : PSYCHOTHERAPIE BREVE ET CRISE EMOTIONNELLE
69 Marc Richelle : B.F. SKINNER OU LE PERIL BEHAVIORISTE
70 J.P. Bronckart : THEORIES DU LANGAGE
71 Anika Lemaire : JACQUES LACAN. *8ᵉ éd. revue et augmentée.*
72 J.L. Lambert : INTRODUCTION A L'ARRIERATION MENTALE
73 T.G.R. Bower : DEVELOPPEMENT PSYCHOLOGIQUE DE LA PREMIERE ENFANCE. *4ᵉ éd.*
74 J. Rondal : LANGAGE ET EDUCATION
75 Sheila Kitzinger : PREPARER A L'ACCOUCHEMENT
76 Ovide Fontaine : INTRODUCTION AUX THERAPIES COMPORTEMENTALES
77 Jacques-Philippe Leyens : PSYCHOLOGIE SOCIALE. *nouvelle édition 1997*
78 Jean Rondal : VOTRE ENFANT APPREND A PARLER *3ᵉ éd.*
79 Michel Legrand : LE TEST DE SZONDI
80 H.J. Eysenck : LA NEVROSE ET VOUS
81 Albert Demaret : ETHOLOGIE ET PSYCHIATRIE
82 Jean-Luc Lambert et Jean A. Rondal : LE MONGOLISME. *4ᵉ éd.*
83 Albert Bandura : L'APPRENTISSAGE SOCIAL
84 Xavier Seron : APHASIE ET NEUROPSYCHOLOGIE
85 Roger Rondeau : LES GROUPES EN CRISE?
86 J. Danset-Léger : L'ENFANT ET LES IMAGES DE LA LITTERATURE ENFANTINE

87 Herbert S. Terrace : NIM. UN CHIMPANZE QUI A APPRIS LE LANGAGE GESTUEL
88 Roger Gilbert : BON POUR ENSEIGNER?
89 Wing, Cooper et Sartorius : GUIDE POUR UN EXAMEN PSYCHIATRIQUE
90 Jean Costermans : PSYCHOLOGIE DU LANGAGE
91 Françoise Macar : LE TEMPS, PERSPECTIVES PSYCHOPHYSIOLOGIQUES
92 Jacques Van Rillaer : LES ILLUSIONS DE LA PSYCHANALYSE. 4e éd.
93 Alain Lieury : LES PROCEDES MNEMOTECHNIQUES
94 Georges Thinès : PHENOMENOLOGIE ET SCIENCE DU COMPORTEMENT
95 Rudolph Schaffer : COMPORTEMENT MATERNEL
96 Daniel Stern : MERE ET ENFANT, LES PREMIERES RELATIONS. 3e éd.
97 R. Kempe & C. Kempe : L'ENFANCE TORTUREE
98 Jean-Luc Lambert : ENSEIGNEMENT SPECIAL ET HANDICAP MENTAL
99 Jean Morval : INTRODUCTION A LA PSYCHOLOGIE DE L'ENVIRONNEMENT
100 Pierre Oleron et al. : SAVOIRS ET SAVOIR-FAIRE PSYCHOLOGIQUES CHEZ L'ENFANT
101 Bernard I. Murstein : STYLES DE VIE INTIME
102 Rondal/Lambert/Chipman : PSYCHOLINGUISTIQUE ET HANDICAP MENTAL
103 Brédart/Rondal : L'ANALYSE DU LANGAGE CHEZ L'ENFANT. 2e éd.
104 David Malan : PSYCHODYNAMIQUE ET PSYCHOTHERAPIE INDIVIDUELLE
105 Philippe Muller : WAGNER PAR SES REVES
106 John Eccles : LE MYSTERE HUMAIN
107 Xavier Seron : REEDUQUER LE CERVEAU
108 Moreau/Richelle : L'ACQUISITION DU LANGAGE. 5e éd.
109 Georges Nizard : ANALYSE TRANSACTIONNELLE ET SOIN INFIRMIER
110 Howard Gardner : GRIBOUILLAGES ET DESSINS D'ENFANTS, LEUR SIGNIFICATION. 3e éd.
111 Wilson/Otto : LA FEMME MODERNE ET L'ALCOOL
112 Edwards : DESSINER GRACE AU CERVEAU DROIT. 9e éd.
113 Rondal : L'INTERACTION ADULTE-ENFANT
114 Blancheteau : L'APPRENTISSAGE CHEZ L'ANIMAL
115 Boutin : FORMATION ET DEVELOPPEMENTS
116 Húsen : L'ECOLE EN QUESTION
117 Ferrero/Besse : L'ENFANT ET SES COMPLEXES
118 R. Bruyer : LE VISAGE ET L'EXPRESSION FACIALE
119 J.P. Leyens : SOMMES-NOUS TOUS DES PSYCHOLOGUES?
120 J. Château : L'INTELLIGENCE OU LES INTELLIGENCES?
121 M. Claes : L'EXPERIENCE ADOLESCENTE
122 J. Hayes et P. Nutman : COMPRENDRE LES CHOMEURS
123 S. Sturdivant : LES FEMMES ET LA PSYCHOTHERAPIE
124 A. Pomerleau et G. Malcuit : L'ENFANT ET SON ENVIRONNEMENT
125 A. Van Hout et X. Seron : L'APHASIE DE L'ENFANT
126 A. Vergote : RELIGION, FOI, INCROYANCE
127 Sivadon/Fernandez-Zoïla : TEMPS DE TRAVAIL, TEMPS DE VIVRE
128 Born : JEUNES DEVIANTS OU DELINQUANTS JUVENILES?
129 Hamers/Blanc : BILINGUALITE ET BILINGUISME
130 Legrand : PSYCHANALYSE, SCIENCE, SOCIETE
131 Le Camus : PRATIQUES PSYCHOMOTRICES
132 Lars Fredén : ASPECTS PSYCHOSOCIAUX DE LA DEPRESSION
133 Mount : LA FAMILLE SUBVERSIVE
134 Magerotte : MANUEL D'EDUCATION COMPORTEMENTALE CLINIQUE
135 Dailly/Moscato : LATERALISATION ET LATERALITE CHEZ L'ENFANT
136 Bonnet/Tamine-Gardes : QUAND L'ENFANT PARLE DU LANGAGE
137 Bruyer : LES SCIENCES HUMAINES ET LES DROITS DE L'HOMME
138 Taulelle : L'ENFANT A LA RENCONTRE DU LANGAGE
139 de Boucaud : PSYCHOLOGIE DE L'ENFANT ASTHMATIQUE
140 Duruz : NARCISSE EN QUETE DE SOI
141 Feyereisen/de Lannoy : PSYCHOLOGIE DU GESTE
142 Florin et al. : LE LANGAGE A L'ECOLE MATERNELLE

143 Debuyst : MODELE ETHOLOGIQUE ET CRIMINOLOGIE
144 Ashton/Stepney : FUMER
145 Winkel et al. : L'IMAGE DE LA FEMME DANS LES LIVRES SCOLAIRES
146 Bideau/Richelle : PSYCHOLOGIE DEVELOPPEMENTALE
147 Schmid-Kitsikis : THEORIE CLINIQUE ET FONCTIONNEMENT MENTAL
148 Guggenbühl/Craig : POUVOIR ET RELATION D'AIDE
149 Rondal : LANGAGE ET COMMUNICATION CHEZ LES HANDICAPES MENTAUX
150 Moscato et al. : FONCTIONNEMENT COGNITIF ET INDIVIDUALITE
151 Château : L'HUMANISATION OU LES PREMIERS PAS DES VALEURS HUMAINES
152 Avery/Litwack : NEE TROP TOT
153 Rondal : LE DEVELOPPEMENT DU LANGAGE CHEZ L'ENFANT TRISOMIQUE 21
154 Kellens : QU'AS-TU FAIT DE TON FRERE?
155 Rondal/Henrot : LE LANGAGE DES SIGNES. 2e éd.
156 Lafontaine : LE PARTI PRIS DES MOTS
157 Bonnet/Hoc/Tiberghien : AUTOMATIQUE, INTELLIGENCE ARTIFICIELLE ET PSYCHOLOGIE
158 Giovannini et al. : PSYCHOLOGIE ET SANTE
159 Wilmotte et al. : LE SUICIDE
160 Giurgea : L'HERITAGE DE PAVLOV
161 Ionescu : MANUEL D'INTERVENTION EN DEFICIENCE MENTALE N° 1
162 Ionescu : MANUEL D'INTERVENTION EN DEFICIENCE MENTALE N° 2
163 Pieraut-Le Bonniec : CONNAITRE ET LE DIRE
164 Huber : PSYCHOLOGIE CLINIQUE AUJOURD'HUI
165 Rondal et al. : PROBLEMES DE PSYCHOLINGUISTIQUE
166 Slukin : LE LIEN MATERNEL
167 Baudour : L'AMOUR CONDAMNE
168 Wilwerth : VISAGES DE LA LITTERATURE FEMININE
169 Edwards : VISION, DESSIN, CREATIVITE. 3e éd.
170 Lutte : LIBERER L'ADOLESCENCE
171 Defays : L'ESPRIT EN FRICHE
172 Broome Walace : PSYCHOLOGIE ET PROBLEMES GYNECOLOGIQUES
173 Aimard : LES BEBES DE L'HUMOUR
174 Perruchet : LES AUTOMATISMES COGNITIFS
175 Bawin-Legros : FAMILLES, MARIAGE, DIVORCE
176 Pourtois/Desmet : EPISTEMOLOGIE ET INSTRUMENTATION EN SCIENCES HUMAINES. 2e éd.
177 Sloboda : L'ESPRIT MUSICIEN
178 Fraisse : POUR LA PSYCHOLOGIE SCIENTIFIQUE
179 Ruffiot : PSYCHOLOGIE DU SIDA
180 McAdams/Deliège : LA MUSIQUE ET LES SCIENCES COGNITIVES
181 Argentin : QUAND FAIRE C'EST DIRE...
182 Van der Linden : LES TROUBLES DE LA MEMOIRE
183 Lecuyer : BEBES ASTRONOMES, BEBES PSYCHOLOGUES : L'INTELLIGENCE DE LA 1re ANNEE
184 Immelmann : DICTIONNAIRE DE L'ETHOLOGIE
185 Collectif : ACTEUR SOCIAL ET DELINQUANCE
186 Fontana : GERER LE STRESS
187 Bouchard : DE LA PHENOMENOLOGIE A LA PSYCHANALYSE
188 Chanceaulme : MOURIR, ULTIME TENDRESSE
189 Rivière : LA PSYCHOLOGIE DE VYGOTSKY
190 Lecoq : APPRENTISSAGE DE LA LECTURE ET DYSLEXIE
191 de Montmolin/Amalberti/Theureau : MODELES DE L'ANALYSE DU TRAVAIL
192 Minary : MODELES SYSTEMIQUES ET PSYCHOLOGIE
193 Grégoire : EVALUER L'INTELLIGENCE DE L'ENFANT
194 Gommers/van den Bosch/de Aguilar : POUR UNE VIEILLESSE AUTONOME
195 Van Rillaer : LA GESTION DE SOI
196 Lecas : L'ATTENTION VISUELLE

197 Macquet : TOXICOMANIES ET FORMES DE LA VIE QUOTIDIENNE
198 Giurgea : LE VIEILLISSEMENT CEREBRAL
199 Pillon : LA MEMOIRE DES MOTS
200 Pouthas/Jouen : LES COMPORTEMENTS DU BEBE : EXPRESSION DE SON SAVOIR ?
201 Montangero/Maurice-Naville : PIAGET OU L'INTELLIGENCE EN MARCHE
202 Colin A. Epsie : LE TRAITEMENT PSYCHOLOGIQUE DE L'INSOMNIE
203 Samalin-Amboise : VIVRE A DEUX
204 Bourhis/Leyens : STEREOTYPES, DISCRIMINATION ET RELATIONS INTERGROUPES
205 Feltz/Lambert : ENTRE LE CORPS ET L'ESPRIT
206 Francès : MOTIVATION ET EFFICIENCE AU TRAVAIL
207 Houziaux : EDUCATION DU PATIENT ET ORDINATEUR
208 Roques : SORTIR DU CHOMAGE
209 Bléandonu : L'ANALYSE DES REVES ET LE REGARD MENTAL
210 Born/Delville/Mercier/Snad/Beeckmans : LES ABUS SEXUELS D'ENFANTS
211 Siguan : L'EUROPE DES LANGUES
212 de Bonis : CONNAITRE LES EMOTIONS HUMAINES
213 Retschitzki/Gurtner : L'ENFANT ET L'ORDINATEUR
214 Leyens/Yzerbyt/Schadron : STEREOTYPES ET COGNITION SOCIALE
215 Tiberghien : LA MEMOIRE OUBLIEE
216 Wynants : L'ORTHOGRAPHE, UNE NORME SOCIALE
217 Rondal : L'EVALUATION DU LANGAGE
218 Moreau : SOCIOLINGUISTIQUE, CONCEPTS DE BASE
219 Rouquette : LA CHASSE À L'IMMIGRÉ
220 Grubar/Duyme/Cote et al. : LA PRÉCOCITÉ INTELLECTUELLE DE LA MYTHOLOGIE À LA GÉNÉTIQUE. 2ᵉ éd.
221 Pomini et al. : THÉRAPIE PSYCHOLOGIQUE DES SCHIZOPHRÉNIES
222 Houdé et al. : DESCARTES ET SON ŒUVRE AUJOURD'HUI
223 Richelle : DÉFENSE DES SCIENCES HUMAINES
224 Leclercq : POUR UNE PÉDAGOGIE UNIVERSITAIRE DE QUALITÉ
225 Gillis : L'AUTISME ATTRAPÉ PAR LE CORPS
226 Pithon : LES TENDANCES ACTUELLES DE L'INTERVENTION PRÉCOCE EN EUROPE
227 Montangero : RÊVE ET COGNITION
228 Stern : LA FICTION PSYCHANALYTIQUE
229 Grégoire : L'ÉVALUATION CLINIQUE DE L'INTELLIGENCE DE L'ENFANT
230 Otte : LES ORIGINES DE LA PENSÉE
231 Rondal : LE LANGAGE : DE L'ANIMAL AUX ORIGINES DU LANGAGE HUMAIN
232 Gauthier : POUVOIR ET LIBERTÉ EN POLITIQUE - ACTUALITÉ DE SPINOZA
233 Zazzo : UNE MÉMOIRE POUR DEUX
234 Rondal : APPRENDRE LES LANGUES
235 Keller : PERCEVOIR : MONDE ET LANGAGE
236 Richard : PSYCHIATRIE GÉRIATRIQUE
237 Roussiau/Bonardi : LES REPRÉSENTATIONS SOCIALES
238 Liénard : L'INSERTION : DÉFI POUR L'ANALYSE, ENJEU POUR L'ACTION
239 Santiago-Delefosse : PSYCHOLOGIE DE LA SANTÉ
240 Grosjean : VICTIMISATION ET SOINS DE SANTÉ

Manuels et Traités

Droz-Richelle : MANUEL DE PSYCHOLOGIE. 5ᵉ éd.
Rondal-Esperet : MANUEL DE PSYCHOLOGIE DE L'ENFANT. Nlle éd.
Rondal-Seron : LES TROUBLES DU LANGAGE. Nlle éd.
Fontaine-Cottraux-Ladouceur : CLINIQUES DE THERAPIE COMPORTEMENTALE. 2ᵉ éd.
Godefroid : LES CHEMINS DE LA PSYCHOLOGIE. 2ᵉ éd.
Seron-Jeannerod : NEUROPSYCHOLOGIE HUMAINE. 2ᵉ éd.